图书在版编目（CIP）数据

孩子的问题是问题吗：智慧父母必知的心理成长秘密 / 李峥嵘著. —北京：中国工人出版社，2020.7
ISBN 978-7-5008-7427-0

Ⅰ.①孩… Ⅱ.①李… Ⅲ.①儿童教育—家庭教育—问题解答 Ⅳ.①G782-44

中国版本图书馆CIP数据核字（2020）第094503号

孩子的问题是问题吗：智慧父母必知的心理成长秘密

出版人	王娇萍
责任编辑	孟 阳
责任印制	栾征宇
出版发行	中国工人出版社
地　　址	北京市东城区鼓楼外大街45号　邮编：100120
网　　址	http://www.wp-china.com
电　　话	（010）62005043（总编室） （010）62005039（印制管理中心）
发行热线	（010）62005996　82029051
经　　销	各地书店
印　　刷	三河市东方印刷有限公司
开　　本	880毫米×1230毫米　1/32
印　　张	6.375
彩　　插	8页
字　　数	117千字
版　　次	2020年7月第1版　2023年3月第5次印刷
定　　价	45.00元

A Practical Parents' Guide to Healthy Children

孩子的问题是问题吗

智慧父母必知的心理成长秘密

李峥嵘 著

中国工人出版社

推荐序

李峥嵘告诉我们：不必焦虑

蔡朝阳（白鱼文化创始人、儿童教育作家）

我跟李峥嵘的交往，大概就是因为我们有着特别相近的儿童教育理念。李峥嵘带娃，相当不拘一格，比如，她没让儿子明仔上幼儿园，直接上的小学。这样的决定，在很多人看来，可能是难以接受的，因为偏离了主流的教育观念，也跟绝大多数孩子的成长路径不同。不上幼儿园，这可怎么了得！还不得担心死。

但明仔也长大了，没有因为不上幼儿园，个头就比别人矮，智力开发就比别人晚——这证明了我一直以来的一个观点，很多爹妈的育儿焦虑，其实是完全不必要的。

事实上，这个没有上过幼儿园的娃，是一个特别出色的孩子。有一次，蒲公英童书馆举办一次《斯凯瑞金色童书》新版的发布会，我也有幸参与，当时在座的有各路专家，都有精彩发言。但是，最后让整个场子一下子轻松起来，并且充满笑声的，却是李峥嵘的孩子明仔，他作为全场唯一的小读者代表，发表了充满科学逻辑、洞见迭出而又古灵精怪的演讲，成为全场的一个亮点。

我与峥嵘的教育观念颇多暗合。她做过 5 年中学语文教师，后来去当了记者，现在是资深编辑、北京市金牌阅读推广人。我做了 20 年中学教师，之后离职，目前自称为儿童服务者。我们从自我教育理念出发，跟孩子一起成长，又理解到在家庭教育中，父母的教育观念才是最重要的。我与峥嵘殊途同归，分别在不同的地方，面对不同的人群，做着共同的事情。

我们面前的这本书，就是峥嵘做的诸多有益的事情之一。她给初为父母的人提供问题的解决方案，重申家庭教育的常识。我在读这本书的时候惊喜地发现，峥嵘面对的问题，正是自己遭遇过的困境与挑战。有很多问题，我几乎一模一样地遇到过。帮助初为父母的朋友这件事，我也在做。我也写了很多类似的文章，虽然给出的答复的具体细节不同，但这些解决之道的基本原理，也确确实实是相近的。

然而，虽然面对了相同的问题，但在阅读峥嵘的文章时，我总能发现崭新的、为我所不曾考虑到的道理，令我受益匪浅。以及，峥嵘行文活泼风趣，就像她的为人一样，充满了幽默细胞。我在半夜读她的文字，经常会笑出声来。

峥嵘所有的回答都在告诉父母一个原则：不必焦虑。她有理论依据，而又不拘泥于理论，总能将道理讲得深入浅出，总能在匪夷所思的地方给读者意想不到的点醒之语。孩子的问题大多需要回到父母自身。或者说，父母更好地认识自我，才能更舒服地跟自我相处。我们当下受到的那些焦虑、痛楚、不安，就会显著减轻——从而，也更有成为你想象中的好父母的可能性。

读峥嵘的文字，我会不断地因为及时相遇而暗自庆幸。更为重要的是，我们不但这么写，也确实在这么做。这几年来，因为共同的理念，我们一起做了很多事。比如，因为对家庭教育的热情与对心理学的兴趣，我们共同做了好几期心理学读书会。我们都觉得这样的方式特别好，一则，自我成长了；再则，也带动了朋友们一起成长。

这本书是峥嵘一个小小的阶段性成果。而峥嵘一直在洒脱地朝前走，并用她的创造力和生命力，影响周边的朋友。读着她的文字，迷惑的家长，慢慢清醒起来；焦虑的父母，放下了心中的执念；而悲观的人，又恢复了乐观……我不由得想起了朱自清的散文名篇《春》，借此套用一下：峥嵘像一个小姑娘，笑着，走着，带领我们向前去。

自　序

我为简短的回答向庞大的问题致歉

儿童是成人之父。

因为孩子，我们突然多了很多问题，逼着自己去面对习以为常的生活，逼着自己跳出死水微澜的日子。

这些年我每次做讲座，都有爸爸妈妈私下里问我各种孩子的养育问题，于是有两年的时间，我干脆在多家媒体做问题专栏，回答那些很奇怪、很个别或是很普遍的问题。

我感谢这些提问，让我思索父母和孩子之间的爱和交流。养育孩子的过程是一个双向的交流。孩子并非一个容器，单向接受灌输。相反，与孩子共度的日子，是给我们一个重返童年的机会，重温那些我们早已遗忘的神奇时光。

每一个问题看起来是一个孩子的行为问题，但是只要追问下去，就会发现一条通往内心世界的小路，每一个问题背后都是一座秘密花园，那里面有父母早已遗忘的童年故事，是每一对夫妻不敢面对的亲密痛苦，是每一个复合家庭不足为外人道的怨尤。每一个让成人纠结的养育问题，其实是自己未曾解决的成长问题，是夫妻之间被掩盖的交流问题，是一代代人之间温情脉脉背后的怨言和误解。

我不是专家，我只是一个好奇的孩子。我把每一次提问看作对自己懒惰的挑战，把每一次回答当作和父母一起踏上探索自己秘密的征途，希望每一个人勇敢地走上不从俗的道路。如同《指环王》前传所说：当你归来，你的世界将会不同。

这些回答不是标准答案，我也很抱歉，借用辛波斯卡的诗句“我为简短的回答向庞大的问题致歉”。甚至很多问题，也并没有答案。

如诗人里尔克所说，有一天你走着走着，某些问题就消失了，不再需要解答，同时又有一些新问题出现。不要固执寻找某一个困扰一时的问题的答案，尤其是不要依赖他人的经验，你自己的生活会逐渐展现出答案与新的问题。

又如英国精神分析学家温尼科特所说，或许大多数问题的根源都在于急于求成：渴望快点终结不愉快的关系或是令人烦恼的沟通，渴望孩子快点长大或是自己快点退休，渴望冬天快点过去或是任务快点完成，渴望快速得到全部人生密码或是快进不完满的人生……但其实我们忽视了这样一个事实：问题本身就是生活的一部分，我们终其一生的目标并不是飞奔赴死，而是生活在重重苦难中，享受这唯一一次心智成熟的旅程。

李峥嵘

2020 年 6 月

目　　录
Contents

第二篇　教育不是输入，是成长路上的基石

第三篇　家庭不是角色扮演，是成长路上的盔甲

第一篇

爱不是控制，
是成长路上的灯塔

男孩喜欢洋娃娃，女孩喜欢玩具枪如何破

问：有的男孩喜欢玩洋娃娃，有的女孩喜欢玩玩具枪，需要纠正他们的这种爱好吗？

答：我们在成长过程中，常常遇到把人按照性别、地域、出身来归类并区别对待的情况，这都是一种刻板印象。比如你肯定听过这样的话：女孩要有女孩样，女孩不能玩玩具枪，女孩当老师最好了。男孩考幼师、当护士是有病吧，买房子是男人的事。女人学那么多干嘛？你不知道人分三种：男人、女人和女博士？东北人是纯爷们儿，上海人是小男人，生孩子要避开羊年，招聘不要处女座……

刻板印象是怎么来的？

举个简单的例子，你会给男孩买粉红色的衣服吗？不会。

我们默认粉红色是属于小女孩的。从小父母给孩子买衣服就是按性别区分，学校发的校服颜色也是女粉男蓝，书上的公主都穿粉色裙子、王子穿蓝色套装……儿童就是这样不断通过自己的观察、日常积累的社会经验，发展出性别刻板印象。

其实从人类学研究的角度来说，性别专属颜色完全是社会文化塑造的结果。“一战”之前，美国童装店为了多卖衣服，开始用颜色区分性别，那时候是用粉色对应男孩、蓝色对应女孩——意不意外？“二战”之后，服装经销商和制造商们利用人们对“正常性别”的认同心理，开始了大规模的商业营销。这时，为了追随时尚之都法国巴黎的性别颜色，美国人也改了：蓝色对应男孩，粉色对应女孩——惊不惊喜？

类似衣服性别颜色这样的刻板印象不知不觉地塑造了我们的思维。进化造就了我们是群体社会型的动物，我们愿意接受一个个的框架，因为相对来说，跟随大众是一个风险比较小的行为。但是风向一变，我们全都被困住了。2000 年前后，大家都说 21 世纪是生物学科的世纪，好多人大学选择生物专业，结果就业很困难。这几年一窝蜂出国学商科，一教室一教室都是会计。

我们为什么愿意接受刻板印象？其中一个原因是大脑倾向于寻找规律、简化的事物，比如说人们见面常常问：“你是哪里人？”“你做什么工作？”这样有利于快速在原有的认知领域里建立起对这个人的认识，但很可能限制了我们去了解一个个性化的有血有肉的人。我是一个湖南人，第一次见面的人往往会说："哦，湘妹子天生不怕辣。"这话真没法接——我恰好并不嗜辣。追溯起来，湖南人也不是天生不怕辣，因为辣椒是明朝才从美洲传入中国的。

刻板印象对孩子的成长会有什么限制？

我小学的时候，班里有一个特别优秀的女同学，她总是考第一，到了中学偶尔有一两次考试失利，家长和老师都说："女孩到了中学就不行了，学数学就是不如男同学，以后你学文科吧。"结果她真的越来越差，连一个普通大学都没有考上。后来我学了心理学，学到"自我实现预言"理论，就想起了这个女同学。

最有名的"自我实现预言"实验是美国心理学家罗森塔尔和雅各布森做的。他们告诉一个学校的老师能通过实验预测哪些孩子会成绩好，在后来的考试中，那些被心理学家预测是特别聪明的孩子果然表现优异。这时心理学家说出了一个惊人的秘密：其实根本没有什么测试，这些"天才"学生的名单是随意抽取的。因为教育者对孩子满怀期待，有意无意地向他们传达"你很优秀"的信息，孩子受到正面激励，加倍努力，真的有了很大进步。

这是积极的"自我实现预言"，而不恰当的"自我实现预言”会带来消极影响。我刚才提到的那位女同学因为深信“女生上了中学就不如男生”，从此一蹶不振。

家长要认识到我们每个人都会受社会和时代的局限，会有各种各样的刻板印象。对教育下一代来说，比群体差异更有意义的是个体差异，做父母的要发掘孩子的特点，保护孩子不受刻板印象的限制。孩子就是独一无二的那一个个体。

我给大家讲一个故事：一位母亲是如何顺应孩子的天性，保护他不受刻板印象的限制。

他是一个文静甚至有点孤僻的男孩，从小就喜欢玩洋娃娃，而不像其他男孩一样玩车和玩具枪。他不只是喜欢收集娃娃，还亲手为娃娃缝制好看的衣服。遇到不爱学习、只喜欢洋娃娃的男孩，父母会不会气得捶胸顿足，感叹家门不幸？但是他的妈妈接受了这一切，儿子学习成绩不够好没关系，喜欢娃娃也没有关系，只要品格端正、待人接物彬彬有礼就好啦。

为了不让他被周围孩子排挤，更为了让他发展爱好，妈妈甚至带着 9 岁的他远赴加拿大求学，中学又转到美国。他的课外兴趣班不是数学和科学，而是跟着重金聘请的服装设计师学习画设计图、分辨布料、掌握最新的缝针技术。这个特别的爱好终于得到了认可，他 17 岁拿到芭比娃娃设计奖双料冠军，18 岁设计的娃娃就能卖到 200 美元一个，最高的卖到数千美元。

有眼光的妈妈就是这样有计划地培养儿子走上了时装设计之路，连前美国第一夫人米歇尔也穿着他设计的礼服参加奥巴马总统的就职典礼。他，就是著名服装设计师吴季刚。

我们无法决定别人怎么想，但是我们可以选择我们怎么做。无论是对小孩，还是对我们自己，我们都要抛开那种刻板的“不可以”“不能够”的印象。只要勇敢向前，没有什么不可以。

分床睡还是一起睡

问：我常常上夜班，有时候半夜回到家，孩子醒了，就要求和爸爸睡。可是妻子对孩子说，睡觉之前已经说好了和妈妈睡，就不要换来换去。可我觉得孩子想和爸爸睡也无不可。孩子应该和爸爸睡还是和妈妈睡？或是自己睡？

答：我的第一反应不是分辨这是不是一个遵守规则、遵守信用的问题，而是很惊讶：为什么孩子不和大人分床睡？

请注意，我说的不是分房而是分床！

因为很多中国家庭会说，没有办法呀，房子小啊，只能一个房间睡。

一个房间也可以分床睡啊。没有地方放两张床，可不可以放一个沙发床？白天折叠，晚上打开？

孩子要不要和大人分床、分房？这个问题相信大多数人没有疑问，但是什么时候分开，就没有统一的答案了。这里面涉及一个观念问题：你是否认为每个人应该拥有自己的空间？

如果重视个人空间，就会尽早考虑让孩子自己睡。因为这不仅仅是给孩子一个安全空间——不会呼吸到大人的废气，不会被疲倦的大人压死，也是重视夫妻关系以及母亲的生活品质的表现。即使为人父母，依然有权利保有自己的空间。而孩子也在保证安全的前提下，从小习惯面对黑暗和学习独处。双方都能得到不受打扰的睡眠。

但是在传统观念上，很多东方父母有了孩子之后，夫妻关系就退让到第二位，和孩子同床同被似乎是顺理成章的事——照顾孩子方便，喂奶、起夜、盖被都很方便。甚至很多孩子上小学了，还是会和大人睡同一张床或同一个房间。

除了空间问题，还有一个心理问题。孩子是否和大人分开睡，不是由孩子决定的，是由父母决定的。那么，离不开的“黏人精”到底是孩子还是父母？孩子自己睡，你会有不安和内疚感吗？你会担心他夜里踢被子、着凉吗？你是不相信他的生存本能吗？还是享受被孩子依恋的感觉？

有的夫妻一方长期陪伴孩子睡觉，但孩子怎么可能有本事把父母分开？在这个家里，成人把什么关系放在第一位了？从睡觉这件小事，可以透视出家庭的隐秘关系。

例如，有的成人小时候得到的关爱很少，就会加倍疼爱孩子，补偿的是自己内心的小孩。不肯放手让孩子独立，是因为成人心里有一个小孩子还没有长大。再比如有的夫妻沟通不畅，其中一方就和孩子黏在一起，借口孩子需要照顾，把另一方排除在外。

怎么睡？和谁睡？一张床的背后，你要看到的是自己的需要：你内心有什么没有被满足的地方？你是否在用孩子达成你的某个不方便说出口的心愿？

我不好说从小分房、分床还是同床同房，哪一种对孩子和大人更好。毕竟这要根据每个家庭的文化水平、家庭条件、孩子的个性特点、父母的养育方式和价值观等因素决定。我只说说一个妈妈解决的办法吧：她的住房很小，她就把孩子放在一张床垫上。孩子小时候翻身、爬行也不会有危险。当孩子需要的时候，一伸手就能碰到父母。慢慢地，床垫会一点点往外移动，直到移到另外一个房间。在那一刻，父母内在的“孩子”摆脱了依赖。

让起床变得容易的小游戏

问：孩子做事情很拖拉，特别是早上，常常因为起床仓促赶时间而吵吵闹闹，起床困难有什么好办法解决吗？

答：是的，睡得正香，突然被叫起来真是很不高兴啊，连小猫小狗都有起床气呢。如果孩子可以自己起床该多好呀。如果他起床很困难，有没有办法把起床变成游戏呢？

我和孩子玩过无数个起床游戏。

例如，头一天晚上，我会问孩子："明天你想要谁叫你起床？"

孩子说："我想要豌豆射手叫我起床。"

第二天早上，我——当然是需要闹钟把我叫醒，准备好早饭之后，就变身豌豆射手了：发射一个吻到宝宝脸上，发射一个吻到宝宝鼻子上，发射一个吻到宝宝头上。他会慢慢苏醒，回击我：发射一个吻给妈妈。

有时候他说要蜘蛛侠叫他起床。我会用食指和中指假装小蜘蛛，从他脚指头开始，一边往上蠕动，一边唱歌："Incy Wincy Spider climbed up the spout again（蜘蛛又在水管上爬呀爬）。"这首儿歌很多人都会唱，我唱的是跑调的。"小蜘蛛"一直爬到孩子手上，顺手就把他拉起来："蜘蛛侠，学校等着你去拯救呢。"

有时候孩子不想起床，会闹："我被枕头缠住了，我被被子缠住了。"我就要配合一下，妈妈超人大战枕头怪："我已经救出了你的脚指头，我马上救出你的小腿，现在是膝盖，好啦，小肚子也救出来了。"如果他还是不想起床，我就说："这个被子怪太厉害了，不好了，妈妈也被缠住了。"孩子就会说："我来救你了。"

起床以后，我带着他一起叠被子，只要被子叠起来，被子怪就被封印住了。

这是在孩子很小的时候玩的游戏。现在他长大了，他说："妈妈可以发行家庭币，一个家庭币相当于一块钱，每天按时起床可以得到一个家庭币，攒够一年可以买新年礼物。"

我说："挺好，这制造家庭币和记账的事情就归你管了。"

为什么睡前故事很重要

问：现在都提倡全民阅读，很多人说孩子睡觉前，父母得和他们一起读书、讲故事。睡前故事很重要吗？

答：阅读当然不需要限制时间和地点。不过，睡前故事是一种独特的和孩子交流的方式。父母一般都很忙，有的人在家也忙着工作，只有孩子睡前的几分钟是一起度过的。父母给孩子讲故事具有独特的疗愈作用。

很多故事适合在睡觉之前给孩子念。比如说有的孩子特别不喜欢睡觉，觉得睡觉耽误玩耍，我就会推荐大人念《毛熊》，这首诗特别好玩，会给孩子很大的安慰。

假如我是
一只大大的毛熊，
我就不用担心

下雪和冰冻，
我就不用害怕
寒冬和暴雪，
因为我浑身有厚厚的皮毛，
像穿着暖和的外套！
我会有皮靴，有棕色皮毛的围巾供我穿戴，
还有毛短裤、皮帽子。
我脖子上的毛领子，保护我的下巴，
一双棕色皮毛的厚手套，
戴在我大大的手掌上，
还有，还有
厚厚的皮毛垫在我脑袋后面。
这样，整个冬天我就睡在一张大大的皮毛床上，
不用醒来。

这个故事可以说是教孩子冬天怎么穿戴衣物，是一个很舒服的睡前故事。念上几遍，声音越来越慢，孩子就睡着了。

如果孩子还不想睡觉，可以选择一首诗或歌谣作为每天故事的结束。比如说《婴儿歌》，你把书中孩子的名字改成你家宝宝的名字。比如你家宝宝叫小明，你就可以说：

小明再睡一会儿，
等你的小腿长得有力一点，
只要你再睡一会儿，
小明就会飞起来，
再睡一会儿，
小明再睡一会儿。

还有很多童话故事，都是历经重重险阻获得成功的故事，它蕴含着战胜困难而获得重生的能量。故事犹如通往孩子内心的幽径，其中的隐喻可以作用于孩子的心灵，让他们的行为发生正向的转变。如果一个故事以充满想象力的方式如实地呈现孩子的心灵状态，并带着爱和鼓励，提供一种解决方案，或提供一个看待事物的新视角，孩子就会接收到故事中的信息，令人惊喜的改变也会由此而发生。故事也能够让成人的心灵得到滋养。你在讲故事的过程中会享受到愉悦的感觉，得到疗愈的力量。

为什么要给孩子讲睡前故事这个问题，可以扩展到大人常问的问题，我们为什么要跟孩子一起读书？

世界上没有什么一定要读的书，其实读什么书没有那么重要，重要的是在一起交流，分享生命的每一个时刻。如果我们可以坚持一整年 365 天，每天一个睡前故事或者每天一首小诗，又或者每天五分钟跟孩子交流，那将会收获比学知识更重要的东西——加深对彼此的理解，传递承诺、坚持、理解、耐心和无限的爱。

无论你是跟孩子一起读书，或者一起运动，一起旅行，一起看电影，一起钓鱼，一起看流星，一起做游戏……只要建立了一种家庭仪式感，那就像一根情感纽带，将父母和儿女的一生都维系在一起。我小的时候，外婆做鞋底，在煤油灯底下，让我用米饭把一张张碎布粘在一起，她再一针一线缝起来。这种共度的时光让我永生难忘。

无论你选择什么样的方式和孩子一起度过，为爱投入的父母，展示出来的坚持和热爱，永远闪耀在孩子的心灵深处。

孩子为什么喜欢说脏话

问：我理解孩子小时候有一个喜欢说脏话的时期，但是孩子现在已经上中学了，我发现最近学生中流行说一些重口味的话，而且不分场合，令大人很尴尬。孩子为什么喜欢说脏话？

答：你说得很对，学龄前儿童会有一个时期特别喜欢说“屎尿屁”。孩子喜欢说脏话通常有四个原因：一是大人会有强烈的反应；二是孩子只是模仿他听到的，并没有特别的含义；三是误用，并非有意攻击他人；四是有意表达一种强烈的情绪，就像大人愤怒的时候口不择言。这是很正常的过程，正如美国耶鲁大学的保罗·布卢姆博士所说：“这只不过是孩子的语言学习。一句脏话当时对于小孩子来说，没有作为禁忌语的特殊意义。他们以后才会逐渐了解到这些话犯了社会禁忌。”

经过教育，孩子会认识到社会禁忌，慢慢会以说脏话为耻辱，学会自我控制。但是到了小学高年级，特别是进入青春期以后，孩子之间又开始讲脏话，甚至创造一些粗话作为特定圈子文化。

在心理学家看来，这种表现也很正常，讲脏话就像是进入成人世界的一张门票，给半大小子一种成人的虚幻感觉。另外，我也注意到，现在孩子们很早就开始使用微信聊天，很容易被网络语言、打擦边球的动态图片影响，这些不那么正经的表达方式带给他们新奇的感觉，可以夸张地表达自己的情绪。少年之间本身就有创造自己语言的习惯，即使禁止使用或者过滤脏话，他们也可以通过巧妙地转换字形、语音创造出新的脏话。

从语言的角度说，频繁的使用能够剥去一个词语原来的含义，例如，成人世界非常流行的词语“屌丝”，追究起来其实是非常粗俗的词语。在微信聊天中，一些孩子会频繁使用比较粗俗的动态图片或者表情包，但是在生活中并不会说脏话。

什么样的词语是脏的，什么样的词语是攻击性语言，不同家庭的感受也不同，我们肯定是要设定界限。很明显，公认的脏话是要禁止的。如何禁止，各个家庭都有自己的招数。我的办法是听到孩子说脏话，会很平静而严肃地从语义的起源告诉他：为什么这是脏话，为什么会成为脏话，为什么听到的人会觉得受到攻击。

从不同的角度考虑，我们能保持一个完全洁净的环境吗？

这样真的好吗？我小的时候，父母从来不说任何脏话，不抽烟、不酗酒、不打人、不骂人，没有任何的不良嗜好，在蒸馏水一样纯净的语言环境中长大，当我第一次听到别人对我说脏话时，受到了巨大的惊吓，完全蒙了。

日本著名心理学家河合隼雄在《孩子与恶》这本书中说："单纯地排斥恶，会招来更大的恶。"例如，有些绝不允许孩子说脏话的父母一遇到孩子说脏话，就不分青红皂白，不依不饶地折磨孩子好几个小时。我不知道比起来，哪个才是真正的恶。

孩子做什么都磨蹭怎么办

问：我的孩子5岁，非常磨蹭，每次吃饭、洗澡、刷牙动作都非常慢，搞到我们发脾气，他才能快一点，怎么办？

答：孩子拖拉磨蹭怎么办？这里涉及一个问题：我们如何看待时间、如何理解快和慢。

皮耶罗·费鲁奇被誉为“当代欧洲精神心理学的引导者之一”，是一位专业的哲学家兼心理治疗师。他完全没有用“人生导师”的姿态来培养孩子，而是在日常生活中发现儿童世界与成人世界的不同，与孩子一起完成生命的自我成长。作为两个孩子的父亲——还是两个儿子，我想想就发抖——费鲁奇过的每一天都好像地震。在一次又一次赶时间的拉锯战中，费鲁奇感到沮丧和绝望，但是他最终放下执念，认识到成人和孩子的观念不同。

例如，我们成人把吃饭看成一个任务，到了时间就要吃饭；吃饭是一场身体发育的科学，成人考虑的是孩子吃的量够吗，营养全面吗，吸收了多少？而对于孩子来说，他们的世界没有分类，浑然一体。没有单纯吃饭这件事情，吃饭也是舞蹈、和人相处、享受、说话、学习万有引力定律、探索他的所有感觉和玩耍的时间……总之，是同时做一切事情的时间。

我们常常说快点、麻利一点，会不断催促孩子。费鲁奇的孩子问："爸爸，什么时候时间会结束？"这个问题促使他反思自己。我也想到我的孩子也曾经哭着说："希望没有时间这个东西。"

我们很容易忘记幼儿体验时间的方式不同于我们成人，对成人来说：时间像一支箭，永远指向一个方向，开弓后便一去不回头，必须快马加鞭完成任务，到达那里。孩子的时间却好像一个圆圈，哪儿都不去。

当然，随着成长的变化，孩子也逐渐学会成人的时间观念。但是成人能从孩子这里学到什么？学会欣赏缓慢。即使对于成年人来说，时间也可以有两种方式，就好像溪流和列车的不同路线，溪流会绕着石头、植物打圈，有时缓慢有时湍急；而列车是有时刻表的，是"哐当哐当"按照计划前进和停留的。我们成人大部分时间像列车一样按照既定路线前进，但是有时候也可以像溪流一样，接纳、顺应我们所遇到的一切。

费鲁奇说，为了尊重孩子的节奏，成人有时候就要放弃自己的节奏。我们难免有怨气，然而我们需要认识到："世界上不仅仅有我们自己的节奏——欲望的节奏，冲动的节奏，计划的节奏，还有更广阔、更和谐的节奏，比如大自然的节奏，我们更深的生命的节奏。"

只有放慢节奏，欣赏缓慢，我们的时间感才会扩展，才能体会到生命的美好，而不是被时间压迫着飞速前进。的确，为人父母很容易产生挫败感和倦怠感，如果我们改变思维方式，将其视为人生的再出发阶段，就能看到完全不同的风景。养育儿女不只是一份辛苦的付出，更是一场精神的探险。

当我们从精神上松弛了，理解了孩子的时间观念和我们不一样，就可以想出很多具体的办法来帮助他们建立时间观念。

孩子小的时候，我从来不催他洗澡洗脸，但是我自己每次洗澡洗头都会说一声，你要不要准备洗澡。他说不要，那就不要。这是一个生理问题，他自己决定。吃饭也不催，他不吃，就把碗筷收走，在下一顿饭之前不给零食。这个年代孩子饿不死，只有吃零食吃撑了。不好好吃饭只有一个原因：不饿。

再比如，他洗澡不出来，洗到水凉了，手指头都发白，他自己也不舒服，当然就会要求出来了。我说："你的身体你决定，我有责任告诉你后果，同时在你需要的时候协助你。"刷牙这件事孩子都不喜欢，我开始用棉棒帮他清洁牙龈，长牙之后给他买儿童牙刷和儿童牙膏，让他自己去挑选喜欢的牙刷造型和牙膏口味，再大一些就买电动牙刷，保证了他刷牙的质量和时间。

我从来不催孩子上学的事情，只是提醒他从起床到学校之间大概要做什么，问他觉得大概需要多少时间。然后带他去买一个可爱的小闹钟，让他自己控制时间。如果他对时间估计不准确，可能会迟到。我开始会帮他打车尽量争取不迟到。万一迟到了，也没什么大不了，受到几次教训，孩子就长记性了，会自己算出起床到上学需要多少时间。

上学之后，他回家愿意先玩后写作业，那也行。他写作业磨蹭，到了休息时间我们大人就自己先睡觉。他一个人熬夜一次以后，就不会再磨蹭了。孩子也有玩耍之后写不完作业哭哭啼啼的时候。我也不会嘲笑他说："你看不听妈妈的话倒霉了吧。"我啥也不说，就安安静静陪他一会儿。

所有这一切都需要大人温和而坚定地和孩子交流，别啰唆，别心软。一个办法不管用，就换一个办法，再不行就问问孩子：你觉得怎么比较好？

不要轻视孩子的恐惧

问：我的孩子有段时间一直不肯按时睡觉，他说害怕做噩梦。我们陪伴他，他还是说不敢闭上眼睛。怕黑的孩子怎么办？

答：害怕黑而不敢睡觉是很常见的。不只是孩子，成人也会因为各种原因不敢睡觉。

我看过一部电影《小岛惊魂》，里面有一个镜头把我吓得不轻：一个小女孩顶着纱巾在玩游戏，声音是稚嫩的，纱巾下面露出的手却是老妪般青筋暴起。至少有一个月，我只要闭上眼睛，脑海中就浮现这个画面，不由自主地打一个寒战，吓得睁大眼睛。

如果孩子不敢睡觉，大人首先要尽可能了解其中的原因。有时候是严重的人身伤害或者精神伤害，那自然是需要大人马上干预的。但有时候是在大人看来可能并不起眼的事情，孩子却非常害怕，这时候该怎么办呢？

我给你讲个故事吧。这是一个一生被恐惧追赶的孩子的故事。他叫莫里斯·桑达克。对，就是那个著名的儿童文学图画书作家，曾经多次获得美国图画书最高荣誉“凯迪克大奖”。

少有人知道他的作品来源于负面情绪。他最有名的三部曲《野兽国》《午夜厨房》《在那遥远的地方》，是同一主题的变化：“孩子如何掌握各种感觉——愤怒、无聊、恐惧、挫败、嫉妒——设法接受人生的事实。”

桑达克从 4 岁起就害怕的一些事情，直到 53 岁时，他才通过图画书《在那遥远的地方》释放出来。

桑达克 1928 年出生于美国纽约，他们家是从波兰到美国来的犹太移民，他听父母说过很多留在波兰的亲戚悲惨地死在纳粹集中营，有的还是小孩子。桑达克幸运地逃过了大屠杀，但是从小体弱多病，几次差点死掉，所以对死亡怀有深深的恐惧。他后来回忆说：“祖母曾给我缝过一套全白的衣服，这样死神会误以为我已经死了，而不至于带走我。”

用今天的话说，桑达克是又弱鸡又怂，胆子特别小。4 岁的时候，也就是 1932 年，他被一个新闻吓坏了。那一年美国著名飞行员查尔斯·林德伯格的孩子被绑架、杀死。桑达克当时虽然还只是一个小孩，但他一直记着从广播里听到这个消息时的恐惧的感觉。

恐惧不止于此，甚至童话故事也能让他害怕。他五六岁时和隔壁邻居家的同龄女孩一起看过一本书，书上画着天气晴朗，小女孩穿着妈妈宽大的雨衣走在路上。然而，下一页画的是突然狂风大作，小女孩被吹到空中——这个画面让小桑达克惊呆了。

也许，童年的恐惧都需要漫长的时间来消化。桑达克 35 岁出版《野兽国》，42 岁出版《午夜厨房》，而最让他受惊吓的情绪直到 53 岁出版《在那遥远的地方》才得以疏解。

时隔将近五十年，桑达克把最可怕的记忆都画在了《在那遥远的地方》这本书里：小妖怪像林德伯格绑架案中的绑匪一样从窗户进入房间偷走婴儿，小女孩像一片黄色的云朵一样被吹到空中……但是他重塑了故事的结局：被偷走的婴儿没有死掉，勇敢的姐姐战胜嫉妒，打败妖怪，救回了妹妹。

很多孩子害怕做噩梦，桑达克也在《午夜厨房》里讲述了一个男孩改变梦境的故事：小男孩在梦中差点被烤成蛋糕，他跳进奶瓶，挣脱面粉，飘上天空，摆脱了被吃掉的命运，又回到床上安稳做梦。

艺术最终帮助他摆脱了儿童时代藏在内心里的梦魇。

通过桑达克的故事，我想说：第一，不要轻视孩子的恐惧；

第二，不要低估孩子的洞察力；第三，要接纳，要陪伴孩子。

桑达克曾经说：“不要轻视童年时代的恐惧与不安，它们将伴随人的一生；不要低估孩子们的洞察力，他们什么都知道。”所谓美好的童年只是成人的臆想，没有什么比童年更加无助的了。《在那遥远的地方》一书中，谁也没有发现小妖怪来了，不能说话的婴儿吓得哇哇大哭，却没有人发现危险。

大人可以怎么做呢？允许受到惊吓的孩子用自己的方式来释放。他说不出来，可以让他画出来。画什么都可以，不要问他画的是什么。也可以给他编故事、讲故事。桑达克的故事就很能释放孩子的情绪，幻想打败妖怪，克服心里的愤怒和恐惧。如果他们不喜欢，感到不舒服，那么就不要勉强他们看。

如果你不懂孩子，就不要说：小孩子有什么好烦的。生活对孩子来说也是相当不容易，他们要面对许多可怕的情感和事物，他们能怎么办呢？无法讲述，无法表达，甚至有时候无法哭泣。除了在黑暗中睁大眼睛，还能如何熬过去？

但是，总有一天，生命自己会化解这一切。总有一天，学会与那无限旋落的黑暗共处。总有一天，学会欣赏每一个步伐令人战栗的光辉。

最后把里尔克的诗送给每一个怕黑的孩子：

我愿陪坐在你身边，
唱歌催着你入眠。
我愿哼唱着摇你入睡，
睡去醒来都在你眼前。
我愿做屋内唯一了解寒夜的人。
我愿梦里梦外谛听你，
谛听世界，
谛听森林。

脆弱的孩子也能成功

问：我的儿子已经上学了，还是特别爱哭，胆子特别小，做事情还特别慢，就像树懒一样，我看着都着急。该怎么办呢？

答：给你讲一个故事吧。有一个爱哭的男孩，从小就是个“娘娘腔”，非常瘦弱，非常容易哭，小学一年级时甚至每天都要哭一次，有时候看电影会哭到整个电影院的人都笑话他。

这个男孩在学校胆子特别小，初中时个子又很小，高中才过了一米六。高中时成绩很糟，因为他爸爸就是学校的校长，身为校长的儿子怎么可以学习不好呢？所以父亲给他请了最好的老师补课，他也很乖地做题，但是成绩就是不好。男孩心理素质很差，第一年考大学，以六分之差落榜。第二年考数学，他因为紧张，豆大的冷汗直滴，一个字都看不清楚，最终只考了个 0. 67 分，总分以一分之差落榜。后来他准备专科考试，进了艺专影剧科。父亲送他去上艺专，看到宿舍里还有老鼠跑来跑去，沉默了很久说，以后出去留学吧。

男孩在美国上学比上小学还害怕，不光是语言不通，看到别的男生长得又高又壮，女生又漂亮，他更加自卑。刚开始两年上课听不太懂，只能连蒙带猜。但是他很善于在暗处安安静静地观察、猜测、揣摩。

就是这样很没有出息的孩子，40 岁后成为世界知名的导演，拍了很多别人不敢拍的电影。别人惊叹他怎么什么电影都会拍呢？他说跟自己很会猜有关系。

说到这里，你大概已经猜到了，这个男孩就是导演李安。

今天的李安毫无疑问是成功人士，然而学生时代的他绝对算不上优等生，甚至他一半的时间都处于低潮，但由此他观察到人性的幽微，最终表现在自己拍摄的作品里。

李安说：“大家看到的都是我风光的一面，我也很想表现风光的一面，但事实上我经历过很多次的失败，脆弱是我的本质。”李安说自己的个性跟他妈妈很像，是一个很脆弱、很依赖别人、很胆小的小孩，长大后性格也不是很强硬，一直不是很有信心。他说直到拍到第九部电影《断背山》，才觉得“我还可以”。正是因为他的这种脆弱和害怕，反而始终保持了拍电影的新鲜感。当然，脆弱不等于成功，李安坦言：“与其说我的成功是从脆弱开始，不如说我很勇敢面对我的脆弱，我不在乎把它拿出来。也因为从事艺术的我有这种真诚，才会动人。你自己脆弱，所以很能同情别人的脆弱。”

李安只有一个。如果我们也可以面对自己的脆弱，接纳孩子的脆弱，从中找到对自己和世界的同情和怜悯，就能成为独一无二的自己。

空塑料瓶是垃圾还是球

问：我3岁的儿子看到别人把空塑料瓶当球踢，他坚持说空塑料瓶是垃圾，很脏，小朋友不能拿垃圾玩。一定要别人丢掉，然后别的小朋友不同意，他就和小朋友吵起来了。我劝他说：“宝宝说空塑料瓶是垃圾，这是对的，但别人玩的时候就是玩具。”他理解不了，我该如何解释呢？

答：这件事因为没有看到全貌，不好简单评论。我理解的是，妈妈认为孩子的行为失当，不在于坚持认为瓶子是垃圾，而在于干涉了别人的行为。

3 岁的孩子已经进入执拗敏感期，开始有独立意识，并且固执己见。如果排除遗传因素和早期家庭过于溺爱或过于严格的因素，那么就耐心等待，温柔而坚定地告诉孩子：你可以认为这是垃圾，但不能干涉别人的行为。

也请妈妈回想一下：孩子坚持认为空塑料瓶子是垃圾是不是在重复大人对他说过的话？您真的认为空塑料瓶子是没有用的垃圾吗？是否可以在方便的时候，和孩子一起了解一下废弃物品回收再利用的知识？

例如，可以上网找一些空塑料瓶再利用的手工做法，做成花篮、小船、飞机、汽车，放在家里作为装饰品。也可以找一些关于回收再利用的纪录片，和孩子一起了解：大自然没有垃圾，只有放错地方的东西。

具体到把空塑料瓶看成垃圾这件事情，家长的心态，除了苦恼孩子“犯倔任性”，或者自豪孩子“有个性、有见解”之外，能否有其他平常、多元的选择？拓展一下思路，对于暂时不能变通的孩子，我们先问自己：这个固执的观点从何而来，还有没有其他看待这件事情的角度？

然后，我们和孩子一起接纳世界的多样性，并清楚地建立自己和他人之间的界限。

为什么孩子不喜欢看画展

问：现在都说要进行美育教育，有时候我会带孩子去看画展，或者去博物馆参观，但是孩子不感兴趣，觉得很无聊。为什么孩子觉得画展很无聊？

答：除了注重孩子的学习品质的培养之外，现在的家长们也注重美育教育，这是一件挺好的事情。能够利用公共文化设施带孩子们去看展览，这样的爸爸妈妈也算是很有心啦。

有一次，我带孩子去参观博洛尼亚插画展。那天有中国老艺术家们的讲座，观众们都听得好认真。不过确实有些小朋友不太坐得住，一直在场地里跑来跑去。而另外一些孩子很安静，拿着画笔在临摹。

如果孩子对展览不感兴趣，究其原因：一方面得看这个展览是否适合孩子的年龄；另一方面得知道他在看展览之前是否了解相关的背景知识。比如说，如果我们事先了解画家凡·高的生平简介，那么当我们看到他的画作时，无论是金灿灿的向日葵还是旋转的星空，就更能够感受他内心火热的激情和激荡不安的灵魂。

我小时候没有什么机会看画展，也没有什么美育教育。美术课被称为副科，基本等于自习课。再往上，父母那一代就更加缺乏美育教育了。为什么大妈们都喜欢红红绿绿的颜色？因为她们的成长年代是缺少色彩的，是灰蚂蚁或蓝蚂蚁的时代。一旦有机会能选择穿什么，她们就会穿上鲜艳的衣服，其实是弥补童年时候对色彩的一种渴求。

可是今天的人就会觉得穿大红大绿的衣服太土了，所以说起来跟孩子谈艺术，首先是大人要补上这一课。

我自己没有经过很好的系统的美育教育，而是做了母亲以后才开始补课，用给孩子的启蒙书来补课。美育教育零基础的我看了好几本书，包括《有生之年一定要看的1001幅画》《美的旅程：非凡的绘画和雕塑》《和孩子聊艺术》等。

这些书并不是特别艰深难懂的，而是普及性读物。跟孩子聊艺术，当然是深入浅出的风格最好，要把几千年的艺术史概括成通俗的语言，还要提炼出各个艺术家或者是某个画派的特点。

看这些书对艺术零基础的成年人来讲，也是一个学习艺术史的过程。我们跟孩子一起学习艺术有哪些好处呢？

第一，能够开阔我们的视野。例如，伊特鲁里亚的艺术、拜占庭艺术、印度教与佛教艺术、哥特式艺术、文艺复兴时期的艺术，还有日本的浮世绘、土耳其的细密画、玻利维亚的油画……

不同地域的艺术家独立发展却又互相影响。在漫长的历史长河中，人类对美的认识和表达方式在不断变化，但不同时空和地域的人都向往着美。世界各地都发现了史前时代不同的艺术品，它们都有相似的特点，比如描绘日常的生活或对来世的美好想象。而近现代以来，艺术的发展是表达自己对世界的认识。通过对艺术的学习，能够帮助我们和孩子认识和磨炼自己敏锐的感受。

第二，我们可以通过谈谈艺术家的故事理解孩子的天分。比如说，《维纳斯的诞生》是波提切利的代表作，他的名字实际上是个绰号，就是"小桶"的意思。波提切利最早根据家里的安排要成为一名金匠，但他对成为画家更感兴趣。

这个故事有助于我们理解孩子的天分，顺从他的天性，鼓励和培养他去追求自己的梦想。当然，还是先得吃饱肚子，大部分的艺术家都很穷，可能一生都没有名气。

第三，和孩子一起学习艺术时，一起学着认识为什么一幅画具有影响力。

比如说，莫奈的画可能看起来好像就是一个草稿，随便涂抹而已，但是事实上这正是画家要抓住自然界中转瞬即逝那个时刻的表现。

再比如说，风拍打水面形成的涟漪，要画得很快，没有时间调和色彩，印象派画家们要比的是谁最能捕捉到想展示的那一刻的气氛，即独特的无法再现的瞬间。所以，印象派的画看起来好像是速写，漫不经心，其实是他们有意为之的结果。

第四，在读艺术史的时候，我们也会重新认识孩童。我们会看到亨利·卢梭的画作里有非常稚嫩的童趣风格，还有毕加索现代派绘画的风格跟写实的也很不一样，但始终是有一种好奇心和寻找独特的观看世界的角度。

以毕加索为代表的立体派画家，追求的不是自然的复制品，而是用多种方式反映世界，因此你有可能看到他画的一张少女的脸是由三角形、方形等不同的几何图形组合而成的，甚至在一幅画上同时看到正面的眼睛和侧面的眼睛。

我特别喜欢超现实主义画家达利，当我第一次看到他图画中钟表像奶酪一样地在融化，非常震惊。

在我了解了更多的超现实主义画派的理念之后，就理解了他们是从弗洛伊德那里得到的启发，他们的灵感来自梦和想象，也更理解了他们为什么画画，为什么能在看起来很怪诞的事物中发现新的乐趣。

不用担心孩子觉得无聊，对美的感受应该是不分年龄大小的。心理学家做过实验，婴儿感兴趣的图片跟成年人并没有差别，也就是说人类对美的理解是有共性的。我们和孩子聊艺术，不需要搞得像写作业一样，而是放松心情去享受，随意聊聊便很好。我喜欢的科学家费曼，他曾经在看一个展览之前并没有做任何的功课，只是放松自己去感受，结果发现自己最喜欢的画与专业人士认为最好的画竟不谋而合。

由此说来，艺术是让人感到愉快和放松的，就像坐在一把摇椅上，应该是很好玩的事情哦。特别是现代艺术，就是生活的一部分。涂鸦的街头艺术，安迪·沃霍尔喜欢画的汤罐头，马蒂斯喜欢用裁剪的小纸片做成的拼贴画，都是非常有意思而且很日常的艺术创作。

最后，我讲两个小故事。一个朋友到了中年才拿起画笔学画画，画得相当不错呢。还有一个朋友的母亲，得了阿尔茨海默症，她用画笔跟母亲沟通，让母亲通过画画挽留残存的记忆，在这个过程中不仅修复了母女的感情，也让母亲逐渐灰暗的人生多了一些色彩。她们都不是考虑培养孩子，也没有考虑美育教育，只是将画笔当作一种工具，通往内心，得到慰藉。

好孩子偷东西就是变坏吗

问：我的孩子8岁，从小跟着老人长大。前不久回到了我和他继父身边，一直都很老实，最近突然被他继父的女儿告发多次“偷”拿小猪存钱罐里的钱。问他拿钱干什么，他说要买本子。我说：“你要钱，我给你，怎么会少你买文具的钱。”他就不说话。我不知道孩子怎么会变坏了？

答：我很小心，不想使用“偷”这个字眼，其实这是一种很常见的行为。低幼儿因为分不清物权界限，会拿走不属于自己的东西。这时候一般我们会觉得好笑，认为孩子只是不懂事，反复解释几次，孩子就会明白了。

但是上了小学的孩子如果“不告而拿”，尤其是涉及钱的方面，可就不是小事情了，家长很难抑制自己的震惊和不安。这么小就偷偷摸摸，长大还怎么得了？不安——这正是孩子要传达给大人的信息。

河合隼雄的《孩子与恶》这本书中专门有一章谈到偷窃问题。偷窃并不一定是坏事，例如，盗火的普罗米修斯就是公认的英雄。——这么说并不是鼓励偷窃，而是希望大人认识到事情的复杂性。例如，摘别人家树上的果子，孩子知道要挨骂，但还是忍不住，这与其说是“偷窃”，不如说是一种“调皮捣蛋”。

大人很痛苦，从小就非常严厉地教育孩子不可以做坏事、绝对不可以拿别人的东西，可是孩子为什么还会去偷别人的东西？“如果孩子偷了马上就会被发现的东西，应该想到孩子是想跟我们说些什么。”在你的孩子这里，他想要的不是那点零钱，他想要的到底是什么？河合隼雄建议要具体分析东西是从哪里偷来的，偷的是什么。

打个岔，讲一个我的故事。我小时候有一段时间被当作好学生，常常上台发言，给大家做榜样。有一次校长要我去他的办公室，背诵一篇发言稿给他听。我背着手背诵，身后是一棵圣诞树，我悄悄地反手摘下了树上的一个铃铛，非常小心地不发出声音。我为什么要干这样的事情？当时如果我跟校长说想要这个铃铛，相信校长也会大方地送给我。现在回想起来，这个恶作剧传达的信息其实是：我厌倦了当一个背稿子的乖学生。

回到你的故事，我们来看看你的孩子的行为传达的信息：

他偷偷拿的是异父异母姐姐的钱。他缺这点钱吗？不缺。他会被发现吗？当然会。那么很明显，他要拿回这个姐姐拥有而他没有的东西。他在用异常的方式拿回从小最缺少的东西。是什么？——答案已经呼之欲出了，他要的这个东西其实是妈妈的关注和爱。

孩子的异常行为常常是求救的信号，你接收到了，怎么去解决？我不知道。重建母子之间的心灵连接，而不是简单的斥责，这真的很考验你的智慧啊！

想知道我的“偷铃铛”故事的结尾吗？第二天，我再次去了校长办公室，报告说我不想上台发言。校长很不高兴，但还是答应了我。我一直背着手，悄悄把铃铛挂了回去，铃铛从头到尾都没有发出声音。

为什么孩子说不和爸妈好了

问：我们家爸爸、妈妈、姥姥三个大人围着一个4岁孩子转。如果妈妈和姥姥让孩子快点刷牙，孩子会说："我不和你们好了，我只和爸爸好。"爸爸有时候呵斥她，她又说："我不和你好了，我和妈妈、姥姥好。"爸爸妈妈有时候意见不合，妈妈大声呵斥孩子，爸爸想蹲下来和孩子好好说，但妈妈不开心了："全家你只要爸爸吧，我们都走。"妈妈总认为三个大人的口径应该一致，让孩子没有选择对谁好和对谁不好。这样对吗？

答：我似乎能看到类似的场景在不同的家庭上演。这里隐含着一些家庭关系的小秘密。幼小的孩子常常是大人的镜子，当我们大人对他不满意或者被他的言行刺激到，这一刻其实是一个很好的机缘：让有心的大人可以仔细观察自己的行为。

这个镜子至少有三个角度可以供我们揣摩：

1. 为什么孩子把爱当成一种条件？他从哪里学到这样的说话方式？

我们可以想象一下：这个孩子得到的爱是无条件的，还是相反？他身边的人把爱当作一种权力的表示，一种礼物的奖赏，一种随时可以收回的施舍，或者一种控制孩子行为的条件？

如果孩子得到的爱，不是完全的接纳和包容，而是掺杂了很多的要挟、条件、施舍，那么当孩子有情绪的时候，也许就会有意无意地把他从大人那里得到的表达方式反馈出来。

2. 这个家庭的人物关系是什么样子的？是符合核心家庭优先、夫妻关系优先吗？

也就是说，在一个正常的家庭里，夫妻关系最亲密，孩子因为幼小，可以得到一些倾斜照顾，但是他跟父母的关系应该是等距离的，不应该插入夫妻关系中间去。夫妻关系优先于子女关系，而长辈应该在这个核心家庭的背景中，保持适当的距离。

如果家庭关系出现混乱，夫妻交流不畅通，长辈的位置过于贴近核心家庭，那么成人就有可能过多地把自己的情绪、情感倾注在孩子身上，通过争夺一个幼小孩子的注意力，来争夺夫妻关系、长辈关系的控制权。

3. 教养问题可不可以有不同意见呢?

夫妻能够心心相印、不言自明，自然是天赐良缘，但是对于大部分人来说是不现实的，因为两个不同成长背景的人必然有不同的见解。如果我们自然真诚地呈现出夫妻对同一个问题的不同思考，让孩子看到父母如何达成妥协与合作，实际上也是很好的爱的教育。

只是，夫妻讨论的时候，请记得你们彼此相爱！（这里要加强语气喔）声音大一点、脾气急一点，只是着急解决问题，而不是批判对方，更不是为了暗中较劲、争夺对家庭关系的掌控权。

所以，当学龄前儿童出现言行偏差，令我们感到愤怒、沮丧时，一定不要忘记：是的，这让我很不愉快，但是这未尝不是一个很好的机会来反思、修正我们大人的行为。不需要太多说教，当我们确定了成人之间的关系界限，明确了我们最看重的是什么，孩子的行为自然而然就会回到他应有的状态。

孩子特别黏人怎么办

问：我的孩子特别黏人，只要我在家就只跟着我，实在是太累人了。有什么办法解决这个问题吗？

答：我看过一个纪录片，内容是一群白鲸迁徙的过程。白鲸是特别可爱、特别温顺的大鲸。它们是海洋中的庞然大物，一般来说没有什么动物可以威胁到它们，但要是被虎鲸发现可就麻烦了。白鲸宝宝必须寸步不离地跟着妈妈，甚至要紧紧地趴在妈妈的背上。白鲸宝宝一旦被虎鲸冲击的水流冲下妈妈的脊背，就会落入“虎口”。

你看，在大自然中独立生活之前，所有的幼崽都需要紧紧地黏着妈妈，凡是不黏妈妈的都成了别的动物的食物。所以，每次我烦孩子黏我的时候，就安慰自己：“他是进化的胜利者，他的基因里镌刻着黏妈妈的指令。”

在农耕时代，人类的孩子也是紧紧跟着妈妈，学习劳动、自立。嘭！突然之间，妇女翻身了，要去上班了。妈妈累得要死，希望孩子最好就像小牛犊一样，生下来打一个滚就能站起来撒欢，然后送到各种地方和母亲隔离开来。想是这么想，但是只要有机会，“黏妈精”就要扑上来。

怎么办呢？有些妈妈想出了懒人办法：可以和孩子玩露营游戏，你负责躺在帐篷里就好了；可以假装开派对，小朋友会花很多时间打扮自己，还会准备各种节目，你负责躺着观看就好了；还可以玩医生和病人的游戏，你演病人躺着就好了；如果你喜欢趴着，就玩“猜猜你在我屁股上放了啥”的游戏，你可以趴在你想趴的任何地方，让孩子去找东西放在你的屁股上，你来猜就好了；如果是女孩子，可以玩“美容院”的游戏，让她梳你的头发，给你涂指甲油，在你的后背和大腿涂乳液……

如果你连这种懒人游戏都嫌烦，还可以一劳永逸地解决这个问题。科学家曾经做过一个很凶残的实验：给小猴子做了两个“妈妈”，一个是铁丝做的，身上挂了一个奶瓶；另外一个是棉花做的，身上没有奶瓶。小猴子会如何选择呢？小猴子平时都是搂着“棉花妈妈”，实在扛不住饿了，才会靠近“铁丝妈妈”。小猴子开始会被“铁丝妈妈”扎得吱哇乱叫，后来学乖了，用尾巴勾着“棉花妈妈”，尽可能不碰到铁丝，小心翼翼地吮吸奶瓶。

我觉得吧，如果下决心做一个“铁丝妈妈”，就可以对抗“黏人基因”。孩子现在是没办法啊，长大后只要有机会，就一定会有多远跑多远，绝对不会黏人了。

一天需要几个爱的抱抱

问：我的孩子3岁了，还总是要我抱，可是我觉得男孩子不应该这么黏人。

答：抱抱对我们太重要了！不只是孩子，大人也很需要呢。有一种病叫作皮肤饥渴症。不夸张地说，中国的中年人几乎都有皮肤饥渴症。因为很多人是在缺乏爱抚的情况下长大的。

在幼年时期，父母的自然爱抚，能使成长中的儿童从身体到心理都获得安全感，由触觉带动整个感知能力的提升。得到充分爱抚的孩子珍视爱，成年后与他人交往时具备更强的亲和力。没有得到充分皮肤接触的孩子，不仅会产生严重的不安全感，更容易自卑、怯懦、欺软怕硬，甚至会因嫉妒他人而做出不理智的行为。

恋人、配偶间的爱抚也非常重要，这个就不用我多说了吧。

而对待老人，我们成年后经常主动为父母揉肩捶背，也会让他们心理上更放松。而很多吵吵闹闹的家庭成员之间，很少有身体的接触，因为他们是用大吵大闹来互动的。

身体接触对控制情绪有奇效。家庭治疗专家萨提亚说："我们每天需要 4 次拥抱才能生存，需要 8 次拥抱才能维持正常状态，需要 12 次拥抱才能有所进步。"当然，这里的数字只是一种修辞，并非实指。当孩子表现不佳，或者爱人脾气不好，你也无法控制自己情绪的时候，请回想一下，今天你得到了几个拥抱，你又给了家人几个拥抱？

如何对孩子进行性教育

问：父母如何对孩子进行性教育？

答：讲性教育有三种：一是懂而会讲，二是不懂也不讲，三是不懂瞎讲。我觉得第三种最可怕，无异于知识的恐怖袭击。

我还记得初三第一次上生理卫生课，女老师讲课时满脸通红，喃喃自语，女生含羞埋头，男生嘻嘻哈哈。如果一个已经结婚生子的科学教师都不能以坦然自若的态度来对待性教育，那么孩子们能学到什么呢？学到的就是——性是肮脏和羞耻的。

学校是这样的态度，而父母呢？我们那个年代，几乎不可能从父母那里学到性知识。我的父母传播的只有各种性侵的新闻，这令我觉得每个女生都是一块行走的腐肉，头上盘旋着成群的秃鹫。

所以，比教给孩子性知识更重要的是更新成年人的性观念。

我们这一代人的青春是保守、压抑的，仅有的性知识都是在黑暗的荒野中摸索前进。最后和什么人结婚、过上什么样的生活，能否“性”福，完全是轮盘赌，也许一枪中的，也许哑炮空弹。

关于性教育，你看，我能给的是教训而非经验。

第一，尽可能多学习，了解自己的身体，接受自己本来的样子。和本能同行，而不是被本能驾驭。不存在一本书能解决所有的问题。不同的图书，不同的观念，让你看到更立体、更全面的世界。

第二，给孩子的教育应该是分阶段的。

在低幼儿童阶段，尽可能保护他们的童真，不问不回答，不过多解释，不过早唤起。

很多优秀绘本能让孩子了解生命是如何来的。例如，绘本《小威向前冲》就是用幽默有趣的画面讲述生命是如何诞生的。孩子会在笑声中感到自己是自然竞争的胜利者，会为自己的出生而倍感自豪。

如果孩子问父母：“我是怎么来的?”父母可以根据当时的情况，用简单的语言解释。可以用童话的语言来解释：“你是爸爸妈妈爱的结果，爸爸妈妈相爱，爸爸的种子和妈妈的种子一起长出了你。”你也可以给他读杜莱的《有趣的一家》，讲讲你和伴侣是如何认识相遇并结婚的，并要打心眼里认同孩子是一个美好的爱的产物。

但是，要告诉孩子学会拒绝：“裤衩、背心盖住的地方，谁都不可以摸。只有医生给你看病、父母帮你洗澡的时候，可以触碰。而大人如果要抱你，你感觉不舒服就可以大声说不。”

在保护学龄前儿童身体不受侵犯的问题上，父母一定要把孩子当成有独立人格的人来尊重。不能在公共场合裸露孩子的身体，不能让大人（哪怕是你的亲人、朋友）随意捏孩子的脸蛋以及接触身体。孩子不是玩具。你喜欢一个大人，会上前摸人家吗？不会，我们有社交距离。你未经许可亲一个大人，摸一个大人，甚至语言的轻佻都是性骚扰。那为什么对一个孩子就可以想摸就摸，想捏就捏？父母对保护孩子的尊严责无旁贷。有这样把孩子当玩具的亲戚朋友，可以不来往，至少不把孩子带出来。

在小学阶段，遇到孩子有问题，父母和孩子一起探讨。

现在资讯如此发达，孩子上小学后的性知识不可能是一片空白。每次遇到孩子有问题，父母都本着求真的态度一起探讨，一起看自然发现节目，看大草原上、海洋深处、雪山之巅，生命的更迭生生不息，循环往复，孩子就会接受性是自然的一部分。每一个生命都是如此渺小而伟大，既聪颖又奇妙，刹那即永恒。

到了青春期的阶段，孩子需要了解风俗性道德以及法律法规。

人类不同于动物之处在于有道德、文化和法律的约束。性对于双方来说是平等的，在爱和尊重的前提下自然地产生。影视作品中流行的“霸道总裁爱上我”都是臆想出来的。

当孩子进入青春期后，通常已经不愿意和父母交流有关性的问题了。因为他们更愿意从同伴那里获得知识。但是做父母的应该“扶上马再送一程”，只要孩子没有成年，都有责任保护他们的安全。同时，性是个人化的，每个人都有权利保护自己的隐私。

身体就好像是精密的仪器，要了解它的功能，小心地保养它、照顾它、使用它。它不是脏的，不是低贱的、见不得人的，也不是用来出卖或者交换的。了解你的身体，保护你的身体，跟随你的心，不做伤害自己和他人的事。

作为保守的一代人，我还有一句话想说：性带来的快乐不应该是最高的追求。比这种快乐还要重要的是责任和承诺，责任和承诺也许不能带来即时的快乐，但是可以得到更长远的幸福。

了解而不回避，尊重而不贬低，私密而不张扬——这就是我，一个摸黑探路的母亲，对性教育的态度。

如何保护孩子远离性侵

问：最近听到一个孩子被性侵的事情，感到非常震惊，如何保护孩子远离性侵？

答：这个问题我拖延了好久才回答，我从身体到内心都感到极度不舒服。由于工作的原因，我接触了一些儿童受侵害的案例。每次采访都让我感到痛苦，就好像是囤积了无数的石头在磨损我的内脏，如果我是一只鸟，大概连胗子都要吐出来。

儿童原本是应该受到保护和呵护的，但是却成为一些人侵害的对象，真是让人极度愤怒和恐惧。虽然这些案例并不很常见，但也不少见，特别是对受害的孩子来讲，那就是百分之百的伤害。女作家林奕含自杀就是因为在她受到侵害十年后依然无法摆脱精神的痛苦，身患抑郁症。由于没有及时报案、时间久远、证据湮灭，施害人也无法受到法律的制裁。

如何保护儿童远离性侵害？我认为，需要关注这几个容易操作、非常简单、又非常容易被忽视的方面。

第一个方面，告诉孩子身体器官科学的名称。

基于羞耻文化，成人往往不会直接告诉孩子生殖器的科学名称，而是取绰号。眼睛、鼻子、肚脐眼、小鸡鸡……

实际上孩子小的时候，坦然告诉他科学名称，他很容易自然地接受。随着年龄的增长，也要适时、见机地告诉孩子不要在公开场合讨论被裤衩遮住的部分。为什么要告诉孩子身体正确的名称？一是表示我们对身体的珍视，二是明确隐私的界限所在。有些孩子受到了侵害而无法准确地描述身体部位，导致延误报案的时间。退一步讲，如何能够准确描述自己的身体部位，就可以及时发现一些病痛。比如说，我在学校给孩子讲故事的时候，注意到有一个孩子走路有点儿一瘸一拐，我问他怎么了？他说大腿疼。我问他家长知道吗？他说知道，父母说没关系。我经过仔细询问和观察，发现孩子并不是大腿疼，而是腹股沟疼痛，孩子应该去医院做进一步的检查。如果家长认为只是普通的腿疼，就可能忽视了更严重的病痛或者伤害，延误了治疗的时间。

第二个方面，保持身体距离。

我们的社会文化和行为规范通常不主张异性之间保持身体接触，但是却对同性之间的亲密行为不以为意。事实上，无论是男生和男生之间、女生和女生之间、男生和女生之间、大人和小孩之间，都应该保持适当的身体距离。最简单的就是“一臂远”，这是身体的距离，也是一个心理的距离，是对自己和他人身体的尊重，对个人空间的珍视。

从小建立起人和人之间的身体界限，要明确告诉孩子背心、裤衩覆盖的范围不允许任何人触碰。除非是医生检查身体，或者是父母必要的照顾，否则即使是亲近熟悉的人，未经过孩子本人的许可，也不可以触碰身体。

第三个方面，不能把孩子随便交给监护人之外的人照看。

很多受侵害的案例都是在脱离了父母监护的情况下发生的，这个责任完全在于大人。大人认为这是熟悉的人啊，是邻居、亲戚或者老师，而很多施害者就是熟人。

保护孩子的第一责任人是父母，如果不得已无法监护，也要把孩子交给一个知根知底的人，放在非封闭的环境里。同时也要教育孩子，不能以任何理由跟随父母之外的人去封闭的地方。

第四个方面，如果有人对孩子说这件事绝对不能告诉父母，那么孩子一定要马上回家告诉父母。

判断危险最简单的方法就是要相信自己的感受，一旦孩子跟某人在一起，他的言行让孩子感到不舒服，就要尽快离开，并尽可能准确地向父母描述当时的状况。鼓励孩子相信自己直觉的判断，因为对危险的敏锐直觉是保存在人类的基因中的。

为什么我们受不了孩子玩耍？因为恐惧。我们把成人世界的恐惧投射到了孩子身上，我们不认为玩耍能学到东西，我们忘记了游戏和幻想，也不让孩子玩耍，然后我们还指望他们成为有想象力和创造力的人？

很多时候，孩子发问需要的是交流，他提的问题你不要觉得可笑，而要很认真地寻找答案。可以用故事的方法告诉他，也可以查科学知识，当然也可以问他自己是怎么想的。至于正确的答案是什么？他会随着年龄的增长有不同的认识。

在幼年时期，父母的自然爱抚，能使成长中的儿童从身体到心理都获得安全感，由触觉带动整个感知能力的提升。得到充分爱抚的孩子珍视爱，成年后与他人交往时具备更强的亲和力。

如果孩子得到的爱，不是完全的接纳和包容，而是掺杂了很多的要挟、条件、施舍，那么当孩子有情绪的时候，也许就会有意无意地把他从大人那里得到的表达方式反馈出来。

第五个方面，不要无条件地鼓励孩子听话。

父母要承担起保护孩子的责任，同时自己也要加强学习，尊重孩子的权利，不要让“听话”成为口头禅。因为孩子是弱势的，所有的人都比他有权力、有地位，如果要求他无条件服从比他年长的人、比他有权力的人，那么往往他很容易被对方控制、胁迫，甚至受到了侵害，还会认为是自己的错，是自己不“听话”。

所以在生活中，要允许并鼓励孩子表达自己的不同意见，并且用礼貌而协商的语气和孩子交流不同的意见，而不是简单粗暴地对孩子说：“要听话，做个乖小孩。”

要不要听话？要听的话是有道理的话，是符合儿童利益的话，是遵守法律法规的话。

纪伯伦有一首被广为传诵的诗，感动了很多人，却常常被我们忘记，我在此引用：

> 你的儿女，其实不是你的儿女。
>
> 他们是生命对于自身渴望而诞生的孩子。
>
> 他们借助你来到这世界，却非因你而来，
>
> 他们在你身旁，却并不属于你。

我们何其有幸，能拥有照顾抚养孩子的机会和权利，我们要庇护的是他们的身体，让他们珍爱自己的身体，保护自己的权益，然后才能去发展独立自主的思想。

多子女家庭如何应对孩子的争执

问：我有两个孩子，一个2岁，一个6岁，经常争吵，我非常头疼。每次吵架都是特别小的事，我总是教育孩子要友好，大的要让着小的，可是他们不到五分钟又吵起来了。怎么处理才能让他们别再为抢个玩具来烦我？

答：处理两个以上孩子之间的纷争，确实是很不容易的。父母总是假想孩子之间天然地会友好相处，其实不然。《平和式教养法（多子女篇）》中说："年龄小的孩子每一个小时要争吵 7 次，大约只有 10% 的问题可以得到愉快解决，剩下 90% 的问题最终是大孩子得逞。"我曾在北京听过该书的作者、美国亲子教育专家劳拉·马卡姆博士的讲座，谈到二孩的困难，她幽默地说："比抚养孩子更难的唯一一件事情，就是抚养一个以上的孩子！"

我自己是在多子女家庭长大的，我感觉上一代父母处理子女争执最常见的做法是要老大让着老二。这种处理方式今天依然很常见。有效果吗？没有。

我小的时候，父母不分青红皂白就要我让着弟弟，我觉得很不服气，也很不舒服，但是当时不明白大人的做法出了什么问题。现在才明白，大人简单地要求大孩子让小孩子，例如说："把妹妹的玩具还给她，你都多大了，还不知道让着人？"这样其实只是示范给孩子看：你是更高的权威，是你说了算。孩子学到的只是以势压人，没有学到如何建设性地解决冲突。

也许我们可以尝试尊重所有孩子的权利，换位思考来处理孩子的纷争。比如，我们可以学习一下：不要再口口声声说分享！比起分享，不如说轮流——帮助孩子等待轮到他们的时候，也相信孩子准备好随时轮流做事情。

无论是老大还是老二，都要允许他们适当地发泄情绪，并询问每一个孩子的感受，请他们每个人都提出自己的方案，让他们学着探讨双赢的方案。只要你给孩子机会，他们是很会想办法的。

有了老二，老大并非一夜成熟，家长每天还是要给每个孩子留出一对一相处的时间，建立亲子心灵的连接，帮助每个孩子放下情绪。

学习用和平、共赢的方式来处理问题，对于大人来说也是相当不容易的。我们需要一次又一次地练习。

接纳孩子，有条件还是无条件

问：现在都说要“无条件接纳孩子”，可是我做不到对他没有要求呀。他做不到，我就会很生气。接纳孩子，应该有条件还是无条件？

答：无条件的爱只存在于一个人心里、存在于暗恋的关系里，只要建立了连接，彼此肯定有要求，只是这个要求的目的何在？

我的数学不好，请大家拿出笔来算一算，你的孩子现在几岁？他如果 18 岁离开家，还有多少时间和你在一起？请减去他上学的时间、睡觉的时间、你忙着做家务的时间、加班的时间，你们全心全意在一起的时间有多少？你希望这样有限的时间如何度过？

我记得孩子 4 岁的时候，我带着他参加了一个夏令营。夏令营有一个带队的老师，据说是一个很好的老师，很会管理，要求也很严格。她对其中一个孩子尤其严厉，无论是吃饭还是坐姿，或者是表演节目，她都很不满意，总在给这个孩子提各种要求。后来我无意中知道这个孩子是她班上学习最好的，也是她的儿子。我惊呆了！我完全没有看出来他们是母子关系，因为那个男孩一直在想办法避免和母亲单独在一起。

当时我对我的孩子说："我告诉你一个秘密，你现在特别爱我、特别黏我，但是你慢慢地就不会喜欢我了，因为我会变成一个令人讨厌的妈妈。"孩子哭了。我也很后悔说了不适合他年龄的话。

后来有一天，我们一起散步，我说："你还记得小时候我们一起去夏令营认识的那对母子吗？"他说："记得。妈妈你说错了，你没有变成令人讨厌的妈妈。"我说："谢谢你。谢谢你接受一个不完美的妈妈。"孩子说："算了，虽然你是很不正常的妈妈，但还是一个可以改造好的妈妈。"

接纳的奥秘是什么？

接纳是彼此的接纳，接受不完美，但是我们互相喜欢这种不完美。我们可以对彼此有要求，但是达到要求不是为了外在的虚荣，而是为了内在的成长。如果有一个像机器一样精确达标的人，但是彼此失去了爱，还是你想要的吗？

为什么暑假计划很难执行

问：我是做企业管理的。孩子已经9岁了。我想帮孩子学习时间管理，就制订了一个暑假日程安排，每天什么时间干什么都规划得特别清楚。可是！孩子坚持了三天就各种耍赖。我奖励也用了，惩罚也用了，都不管用，气得我把计划本撕掉了。为什么暑假计划很难执行？

答：生活中有很多拖延症晚期患者，他们为什么无法按部就班地完成计划？

第一，目标定得太大。我参加过一个“100 斤”小组，准备在四个月之内减到 100 斤。这个小组的胖姑娘们每天汇报自己的食谱和运动情况，以此互相激励。可惜，理想很丰满，现实很骨感。不出三天，“100 斤”小组就变成了一个报菜名、赛美食的小组。所以，如果目标过于理想，完全不同于日常的习惯，就会变成墙上的计划。自从我退出这个小组之后，每天正常吃饭，找一个让自己愉快的运动来锻炼身体，很快就成了“穿衣显瘦、脱衣有肉”的“瘦子”。

第二，计划是被强加的。学习管理时间，得要执行人自己来参与制订计划。一次计划要改变的还不能太多，一个星期能做到一件事情就行。比如，这周咱们争取 7 点起床。这个假期咱们就做到天天跑步十分钟。如果别人要我做一个很大的改变，我可能会屈从于权威的压力，嘴上很老实，身体是不愿意的。

第三，你说孩子自己制订计划都要赖，他说话怎么不算数呢？亲，他只是个小孩子，我还以为我能一口不吃就变成瘦子呢！计划就像是定制服装，需要不断调整的。今天看看不好使，明天再调整。要是某天没有执行，也可以有一定的弹性。胖子又不是一口吃成的。

第四，计划一定要细化！你说要孩子帮着带妹妹。怎么算带妹妹？我玩游戏，她在旁边看着，算不算？让她收拾玩具，我躺着指挥，算不算？显然，没有细化，光下决心是没有用的。

补充一个彩蛋：我采访一个孩子，问他暑假计划为什么实行不了？

他说：“因为是暑假！”

如何跟孩子谈死亡

问：孩子的奶奶过世时，孩子问我奶奶去哪里了。我觉得孩子太小，不理解什么叫死亡，就说奶奶回老家了。可是有时候孩子会哭闹着找奶奶。我就狠心说，奶奶已经死了。孩子更害怕了，那几天都睡不着，总是问："我也会死吗？妈妈也会死吗？"我该如何回答？

答：首先向你失去的亲人致哀，然后我们交流一下这个很困难的话题，如何和孩子谈死亡。

每个孩子都是天生的哲学家，成长中会有那么一个契机——也许是一片叶子落下来，也许是一只小狗的出生，也许是家人的离世，触发孩子发问：我是从哪里来？爷爷到哪里去了？爸爸妈妈会死吗？……这些问题可不容易回答啊。

我们可以在生活或者阅读中，找到一个契机，和孩子交流爱与感恩、生与死、得到与丧失这些有关生命的话题，帮助孩子从生命蜕变中剥掉茧壳，获得不竭的力量，飞翔在浩瀚无垠的天空下。

先讲一个真实的故事，一个孩子第一次直面死亡。

这是我的一个朋友的故事，在他 5 岁的时候，有一天早上发现奶奶躺在床上不动，怎么叫也不起来，就告诉了妈妈。妈妈进了房间，过了一会儿，她很紧张地走出来，让他去亲戚家。他非常害怕，一路跑到了亲戚家。亲戚问他怎么了，他说不出话来，只是摇头。

其实当时奶奶已经死了，爸爸妈妈忙着处理后续事宜，没有人顾得上照顾他的感受。在整个葬礼的过程中，他只是跟着大人走程序。作为第一个发现亲爱的奶奶过世的小孩子，所受到的那种震撼和悲伤，没有任何一个大人注意到，更不用说安慰他。

很多年后，他跟我说起这段经历，虽然只是轻描淡写地说起，但我依然能感觉到这股巨大的冲击波，实际上一直影响着他的人生。

在中国传统文化中，通常不鼓励公开交流死亡观念，更容易忽视“丧失”对儿童心灵的影响。孩子问我们会不会死，正是一个机会让大人来思考死亡和生命的终极意义。我们来说说一个正面处理孩子面临“丧失”的故事。

《生命的奇迹》一书中的《通向未来》这篇文章开头就说爷爷去世了，小幸很悲痛，也有很多疑惑：爷爷去哪了？爸爸妈妈有一天也会离开吗？小幸很伤心，他不断地回忆与爷爷在一起的日子，这种悲伤的情绪一直困扰着他，让他感觉到死亡是一件非常恐怖的事情。在我的记忆中，孩子常常被排除在处理死亡的过程之外，即使参与了追悼会，也没有关注到他们的情绪和情感。

但是，在这个故事中家长并没有忽视小幸的情绪。仅仅是语言上表达说别难过，是不足以释放悲伤的，还需要一些仪式性的方式。父母耐心地带领孩子参与整个追悼的过程，最后奶奶交给孩子一封信。在这封遗书中，爷爷展现了一个活得通透明彻的长者的从容与深情。他首先从情感上和孩子共鸣，爷爷这样说：

> 爷爷去世了你应该会大哭一场吧，分别是一件很痛苦的事，我也觉得很痛苦。只要一想到你，心里就会很难过。对你来说，这是第一次面对死亡，想必是一件很可怕的事吧。

这样的话把孩子体会到却无法诉说的情绪直接概括出来，理解孩子面对死亡会悲伤、痛苦，甚至怨恨和恐惧。爷爷接着指出：

不用害怕，因为你的生命是从很多祖先那里来的，
即使长辈的身体消失了，生命依然是连接在一起的。

爷爷用一种温暖的口吻告诉小幸他去了哪里，并且用另外一种方式活在小幸的身体里，爷爷可以通过子孙的眼睛见到从未见过的风景，吃到从未吃过的东西，钓到从未钓到过的超大的鱼，去到从没去过的地方……爷爷和祖先会与子孙们一直生命相连。

我们也可以借鉴这种方式，首先认同和缓解孩子的死亡焦虑，告诉他：每个人都会死，但是我们都很健康，爸爸妈妈还会活很久，你也会活很久。我们健康饮食、锻炼身体，一定能健康地活很久。奶奶过世了，她对我们很好，她的爱一直在。也可以在清明节扫墓的时候谈谈族谱以及生命是如何传承的：宝宝啊，你的生命就是祖先的生命，少了任何一位祖先，都没有你了。奶奶不在了，但是还有爸爸妈妈和其他很多亲人在，会一直陪伴你成长。

我们还可以谈谈“生命共同体”，每个人既是独立的个体，也都离不开他人的支持和帮助，我们有幸被赋予生命，要学会协作、共同前进，就如同《没有一个人是一座孤岛》这首诗所说：

没有人是一座孤岛
可以自全
每个人都是大陆的一片
整体的一部分
如果海水冲掉一块
欧洲就减小
如同一个海岬失掉一角
如同你的朋友或者你自己的领地失掉一块
任何人的死亡都是我的损失
因为我是人类的一员
因此不要问丧钟为谁而鸣
丧钟为你而鸣

人类和所有的其他物种一起在漫长的历史长河中旅行，斗转星移，终于到达了此刻。让生命更好地延续下去是生者的责任，向孩子们传达死亡和生命的本质是什么，是作为成年人的我们必须履行的责任。

第二篇

教育不是输入，是成长路上的基石

早教班有必要上吗

问：我身边有很多朋友都把孩子送进了早教班，有必要去上早教班吗？

答：我们这一代人没有上过早教班，都是野大的。但是当我们成为父母时，时代变了，我们开始担心孩子输在起跑线上。有没有必要上早教班？

我个人认为，最好的教育来自生活，来自亲子互动，来自玩耍。可是大人已经忘记怎么玩了，所以只好花钱让专业人士教我们怎么带孩子玩。

在选择早教班的时候，要注意学习和训练是两种不同的教育理念。好的早教课堂的玩耍，不是瞎玩，也不是按照成人的规划按部就班地去玩，而是在一定的情境下提供教具或玩具，给孩子留下体验、探索的时间和空间。

比如说，给孩子积木，要他们拼出规定的形状，这是训练；让孩子以轻松愉快的方式自己玩积木，他们会不断地尝试和纠错，自我完善关于基本形状分类的能力——这就是学习。

我曾跟从事早期教育的专业人士进行儿童早教书籍《玩耍的力量》的研讨交流。通过交流我再一次感到，与其恶补各种育儿知识，不如和孩子一起玩耍。在研讨中，有家长问怎样培养孩子的专注力？当时，北京师范大学刘爱华教授大声说："孩子玩耍的时候、做游戏的时候就非常专注。这时候大人不要去打搅他们，不要问他们要不要喝水、要不要吃东西，不要不停地提醒孩子还有五分钟，还有一分钟……这反而影响了孩子的专注力。"

玩耍对孩子的成长具有非凡的意义。今天家长愿意花很多钱买玩具，但实际上很多的游戏（方案）只需要用一些平常的物件：一个枕头、一个塑料瓶、一块石头……就可以很好地锻炼孩子的运动能力、协调能力、注意力和社交能力。

儿童通过玩耍来探索世界，玩耍也是他们身上天然存在的学习的驱动力。孩子沉浸在自己的世界里的状态和成人工作时的专注状态是一样的。如果孩子能在玩耍时体验到内在的驱动力，这种学习的激情可以持续终生。

《玩耍的力量》这本书的作者迈克尔·麦耶霍夫，曾经是哈佛大学最著名的"哈佛早期教育项目"的主要成员之一，他所倡导的早期教育跟学科式的训练是完全不一样的。书中讲到一个例子：一个两岁半的孩子被父母送进了早教班，每天都有严格的学习时间，学习数字、字母、形状、阅读、写作和其他学科的课程。父母以为这样孩子可以先人一步，开发潜能，事实上事与愿违，这种做法是在阻碍孩子成为一个聪明、快乐、有能力的学生。

为什么呢？因为这些都是训练，而不是教育。训练和教育最大的不同在于，训练侧重于灌输特定的知识，并塑造特定的行为方式，而教育专注于基本概念和基本能力的发展。训练很快就会有成果显现，而过于关注特定的成就意味着对本质的忽视。

真正的教育是不能急于求成的。比如说，我们可以教会小孩背好几百首唐诗，但是他们真正要理解一首诗的含义需要好几年的时间，需要他们具有生活阅历、生命体验和文化积累。

目前早教班、课外班的一个误区就在于把真正的教育和灌输式的训练混为一谈。每个人成长的速度是不一样的，小孩子要以他自己的节奏和方式来接触新的概念和能力，而不是在同样的时间里做同样的事情。如果过于局限在一个模式化的环境里，要求他在特定的时间里完成特定的任务，可能和他的个人兴趣以及此时的能力相违背。一旦孩子的生长速度没有达到平均标准，被认为是差生，就会给孩子带来巨大的压力，造成严重的挫败感。

在那次研讨会上，我念了《玩耍的力量》书中的一段话作为发言的结束：

> 早期教育好像深不可测，一个个敏感期、一个个能力发展的专业名词刺激着父母的神经，好像错过了就耽误了孩子的一生。父母沉浸在各种育儿书籍中，饥饿地汲取各种知识，恨不得一夜之间华丽变身为育儿专家，指引孩子开启幸福成功的大门。我想告诉大家的是，请做深呼吸，再做一次深呼吸，让我们慢慢来。

如何回答孩子的为什么

问：我的孩子6岁，经常会问为什么，比如，问人是怎么来的？第一只羊从哪里来？衣服是什么做的？有的问题比较好解释，有的问题我觉得很难说清楚，只好上网找答案。好多问题别说孩子，我也是似懂非懂。如何回答孩子提出的问题？

答：现在的父母真的好难当呢，还是以前简单，一句“等你长大了就知道了”就可以打发孩子的问题了。当然，我们现在都知道要保护孩子的好奇心，要鼓励孩子提问题，可是怎么回答还真是考验人呢！

我觉得您做得很好啊，会就是会，不会就承认，不害怕承认自己不懂影响了家长的权威。承认自己不会，然后赶紧看书、上网学习一下，或者和孩子一起学习。

谢谢您的问题，让我思考了这几个方面：

第一个方面，孩子的发问打破了大人的习惯思维。

孩子向我们提问，其实是向世界提问。孩子的问题让我们重新发现那些我们习以为常的事情。

比如走在街上，孩子会问我："电线杆上为什么会有红色的风车？"风车？什么风车？我从来没有注意过。比如睡觉，孩子会问："你们说我大了，要自己一个人睡。为什么你们大人不自己睡？"这个问题还真是头疼。你们说怎么回答？

第二个方面，是不是所有的问题都有明确的答案？

每个孩子都有十万个为什么，每次回答不上来，我就想还是不懂教育学、心理学好啊，只需要大吼一声："我是家长，我说什么就是什么，哪有这么多废话？"完了，看了这么多书，如果不知道反思，不是都念到狗肚子里去了吗？因为有孩子的发问，我才知道生活中有这么多有趣的问题，而且很多问题并没有答案。比如第一个人是谁？为什么有爱？

我小时候看电影，第一件事情就是着急地问："谁是好人，谁是坏人？"其实在电影之外，我们大人有时候也会希望这个世界很简单，有规律可循。但是不断追问下去就会发现，即使在科学领域，也有很多的模糊地带。至于我们的情绪和情感，语言能够描述的实在是太有限了。

第三个方面，科学的回答，还是艺术的回答？

6 岁的孩子还处在一个幻想和真实世界的交界之处，有时候有的问题可以用科学知识回答，有时候可以用文学艺术的方式回答。

例如，孩子曾经问我为什么以前的照片是黑白的？天呀，这也太考验我的知识储备了。我开始找各种书，告诉他光学和显影知识，自己也说得晕晕乎乎的。结果，孩子在一本漫画书《卡尔文与霍布斯虎》中找到了答案，卡尔文的爸爸说因为以前的世界就是黑白的呀，后来才变成彩色的。——我的孩子也认为这个说法非常有趣。

您的孩子问人是怎么来的？这涉及进化论，我们可以看《物种起源》插图版，也可以看童话故事呢。用文学艺术的方式回答问题让世界充满童趣。例如，有一本于尔克·舒比格的书《当世界年纪还小的时候》，非常有趣。月亮为什么有阴晴圆缺？因为月亮自己拿不定主意，“真的要发光吗？白天的时候，它觉得这主意不好；晚上的时候，它又觉得这主意不错。它实在无法决定，所以它只好反反复复，一下子变圆，一下子又变缺。于是它学会的是不断地变化。”

河合隼雄说过：“童话和现代人的精神世界是紧密联系在一起的。它的厉害之处就在于，对于任何问题，都一定准备好了某个令人信服的答案等着你。”所以，有时候一个故事就足够了。

第四个方面，比回答问题更重要的是交流。

我在养育孩子时一点一点地学习，积累知识。知识的确是无穷尽的，现在的孩子比我们知道的多多了。可是比求知更有乐趣的是我和孩子在这期间增进了感情。很多时候，孩子发问需要的是交流，他提的问题你不要觉得可笑，而要很认真地寻找答案。可以用故事的方法告诉他，也可以查科学知识，当然也可以问他自己是怎么想的。至于正确的答案是什么？他会随着年龄的增长有不同的认识。

父母是老师，又不是老师。亲人之间和师生之间最大的不同就是不必追求绝对的对错。你那么萌，你说什么都对！

不爱看学校的指定书目怎么办

问：我们很重视孩子的阅读，按照学校指定的书目买了书，可是孩子就是不喜欢看，怎么办呢？

答：贵公司发给您看的书，您喜欢看吗？领导还要求写读后感，您会兴高采烈、废寝忘食地阅读并写出千字读后感吗？

曾经流行过一阵子填色书，据说可以缓解神经紧张、减少抑郁情绪。我一个朋友的公司就采购了一批填色书发给员工，要求员工在午休时间填色，并张贴出来展览。我的朋友说她更加紧张和抑郁了。

说到孩子的阅读，如果不是完成功课，读什么都可以吧！这本不喜欢就换一本呗。周末去图书馆、书店、绘本馆，让他自己挑选。不要嫌弃孩子自己选的是你以为的“垃圾书”。比如孩子们一度流行看漫画，我觉得这都是什么呀，可是孩子喜欢，那就看吧。然后有机会就多带孩子去参加各种互动活动，参加世界绘本大师的见面活动，看漫画家是如何画画、如何创造出一本书的。孩子慢慢也不会满足于只吃一种“食物”了。

很多家长抱怨孩子不喜欢读书，那么请问您自己每天看书吗？您会和孩子讨论您看过的书吗？会让孩子给您讲他的感受吗？您觉得和孩子一起读书的时刻是一种享受还是完成一个任务？

对小孩来说，听爸爸妈妈念书是一种享受。再大一点，您可以只念一个开头，让他自己看。有些书他能看下去，有些不能。比如，对中年级的孩子来说，《金银岛》可以自己看下去，《远大前程》就不行。那有什么关系呢？

有时候孩子想知道大人在看什么，无论是有关您的工作还是世界局势，或者消遣娱乐的书，您可以简要地把书的内容介绍给他。很多成年人喜欢看《冰与火之歌》，迷得要死，但是这套书不适合孩子看，那么可以介绍孩子看同一个作者写的《冰龙》，类似儿童版的《冰与火之歌》。

有时候不妨追随孩子的兴趣来讨论图书。比如绘本大师杜莱的书，我完全看不懂。一本书有一个洞，我问孩子这是什么，他说这是一个人的肚子。一个圆圈上画了好多小红点又是什么？孩子说这是小孩子生病出水痘了。你看，我们大人就是这么没有想象力。又比如孩子对武器或者交通工具有兴趣，就可以给孩子找相关的书，从一个武器或者交通工具的技术发展历程，可以学到很多历史知识和科技知识，从而改变思维方式。

如何给孩子选书单

问：学校里要组织读书活动，你能推荐几本书吗？

答：要是我不推荐，你会不会觉得我是一个不称职的读书编辑？常常有家长朋友要我推荐书目，或者问我最近在读什么书、喜欢什么书。

我觉得这些问题非常难回答。

首先，因为每个人的阅读兴趣、阅读需要、阅读历史都不相同。打个不恰当的比喻，我最近觉得身体不太舒服，想调养一下，跑去问学医的朋友："那什么，最近你吃什么保健品，我也来一点？"

其次，读书是非常个人化的体验，我会出于工作的需要读一些书，更多的不是满足别人的要求来阅读，而是和我当时的体验、心理需求有很大的关系。

那些在我成长中留下深刻烙印的读物，更是生命的一个年轮，有时候是一个喜悦的花朵，有时候是一个创可贴，有时候是一个成长的勋章。几乎每一本书的阅读体验背后都有一个私人的故事，因此如果不是很熟，真的很难分享我的书单。

别抓狂，我也会有一点笼统的建议：可以和孩子常去书店，把读书当成一个日常化的行为，而不是一个任务、一个目标，就像去图书的森林来一场精神的散步，你总会在有意无意之中带回一些花花草草的种子。

我也会定期参加一些读物的推荐活动，对推荐读书有了新的体会。大多数人的时间和涉猎范围有限，书单有它不可取代的价值，什么书单合适，有一些建议供您参考。

第一，一份书单非常精要，有一定的阅读量，同时又不至于使人吓得不敢读书。那种动不动就号称“一生必读的 100 本书”的书单，真的会让人望而却步。第二，推荐的书单涉及面比较广泛。中华文化、图画书（绘本）、儿童文学、人文艺术以及科普书等，能够满足儿童对客观世界和对情感世界的探索。第三，推荐的书都是经过了一段时间的阅读检验。那种一上市就被热捧的书，我通常是非常警惕的。

最后，说一下四个阅读主张：多元阅读、分级阅读、快乐阅读、亲子共读。我认为亲子共读是最重要的一个环节，无论是什么样的书单都需要家长参与进来，而不是我花钱买书扔给你，你自己看去吧。有的家长因为工作繁忙或者对自己没有信心，让孩子看手机、看电脑，听多媒体平台里的故事。那些叔叔阿姨的声音跟百灵鸟似的，但那是别人的爸爸妈妈啊。机器发出的声音是不可能有亲人的温度的。

阅读的过程不是静止的，而是一种生命能量的交换。想想看，一个你不曾谋面的人，把他对世界和生命、情感的理解倾注在图画、文字里，经过多少人的努力，传递到我们的手上，然后父母又通过自己的语言，把个人的理解传递给下一代。这种无法复制的交流难道不是比认识了几个字、会背几篇范文、能够写出一篇精彩的读后感更为重要吗？

我小时候的温暖记忆就是母亲下班带一本书给我，父亲给我念睡前故事。9 岁那年，父亲对我说："现在你已经认识很多字了，我不再给你讲睡前故事，你自己看书吧。"对我来说，那一刻是童年的终结。

报课外班是因为焦虑吗

问：我希望孩子快乐成长，但是周围的人都在给孩子报课外班，我心里也有点打鼓，该不该报课外班，特别是学业类的？

答：我觉得如果是孩子本身有兴趣和天赋，参加一些兴趣班，无可厚非。如果是因为别的孩子都在上课，自己的孩子不上不行，这种情况就是家长焦虑、紧张、恐慌，缺乏安全感。

而这种焦虑，来源于三个方面的感觉：对过去的遗憾感，对现在的失控感和对未来的茫然感。继续追究下去，也可以概括成三个“不”：对孩子的不了解 ，对成长规律的不了解，对自己的不自信。

因为对孩子不了解，所以最好所有的功课都报上。咱孩子到底有什么特长和天赋，可别耽误了。心理学家加德纳认为，智力不是一种能力，而是一组能力；智力不是以整合的方式存在，而是以相互独立的方式存在。他提出了“多元智能理论”，包括语言智能、数理逻辑智能、空间智能、音乐智能、身体运动智能、人际交往智能、自我认识智能和自然观察智能。每一种智能具有同等的重要性。多元不是一种固定的数字概念，而是开放性的概念。个体到底有多少种智力是可以商榷和改变的。

本来心理学上“多元智能理论”的提出是为了让每个孩子都能够遵循他的特长去发展，可是中国家长学了这个理论就麻烦了：既然是多元智能，那么我们每一个都不能缺少。

不了解成长规律，就会拿自己的孩子跟别的孩子比较，不能够接受孩子有空闲的时间，有自由玩耍的时间。

对自己不自信，就不能够坚定自己的感受是对的。我在做阅读推广的时候，甚至有家长这样跟我讲：“都不敢跟孩子讲故事，我不敢讨论，因为我怕我讲的是不对的，我没有说到作者想表达的观点。”

为什么家长会有这样的焦虑、不自信和恐慌？

有一个原因要从他的成长环境里去寻找。家长需要有自我觉醒、自我发掘、自我察觉的意识，如果大人能够处理好自己的成长问题和心态问题，能够把自己的焦虑和孩子分隔开来，就会松弛很多。

其实跟着大家走、不输在起跑线上这种观念也没有问题。因为我们人类本身是群体动物，进化基因里就有从众的基因，如果我们不跟随大多数人走，反而更加危险。在大多数情况下，你跟着大家走，风险最小。比如说迁徙的鸟一起飞，可以省力，而且可以跟随大鸟走一个固定的路线。在一个稳定的变化不大的社会里，我们跟着大家走是可以的。在一个充满了变数的时代里，这种从众行为有可能成为一种危机和陷阱。比如说羊群效应，头羊不小心失足了，那么整批的羊都可能跟着一起摔下悬崖。

我们生活在一个一切都在改变的时代里，今天的很多工作岗位都是20年前没有的，那么20年后今天90%的工作岗位有可能会消失。如果我们依然按照过去的经验，没有跟上这个时代变化的步伐，那么我们就不是在培养未来的人。

另一个原因，焦虑还根植于我们的教育观和价值观中。我们是否认为一个人具有自己的内在生命力，他可以找到自己生长的道路？还是说人是可以被任意捏造的橡皮泥？认为人是在无数的偶然中创造出来的生命奇迹，还是说有一个必然的不可改变的规律？

如果想通了这个问题，报不报课外班，报什么班，就不是困扰你的焦虑问题了。

菜鸟妈妈如何跟孩子一起学英语

问：我英语很差，几乎是零基础，菜鸟妈妈如何和孩子一起学英语？

答：大胆开口，战胜你的恐惧。

我的英语也是哑巴英语。高中英语老师以前是学俄语的，所以我的英语口音很重。儿子两岁时，我和他一起开始学英语，给他念英文绘本，不带翻译的。我看了好几千块钱的英语学习材料，有一个观点说：妈妈给孩子念故事，本身就是一种愉悦，发音是否标准没有那么重要，孩子接触到标准发音后会自行纠正。这个观点听得我很舒坦。毕竟我连中文都说不标准，“红凤凰黄凤凰粉红凤凰花凤凰”念出来都是“黄黄黄”，难道我还不跟孩子说汉语了？

给孩子念故事是一个很好的开始，孩子不会笑话你，说啥都行，反正说中文他都听不懂。我会事先查出单词，用电脑播放单词的发音，尽量模仿，自己读一遍，再给孩子读。或者我们一起来学，孩子往往比我模仿得更好。最最简单的开始，就是一页只有一个单词的卡片书，apple、cat、dog 的那种。我们不只是在学习一门语言，更是共享一段甜蜜的时光。

大量阅读绘本，让我和孩子在不知不觉中掌握了很多词汇。现在我孩子的发音也并不标准，但是在外教课上可以和老师自由交流，因为他不恐惧说错。

学英语真的是靠死记硬背吗？其实只要愿意花心思，是可以找到很多窍门来记忆的。发音规则也不需要死记，对于家长来说，理解力更重要。我曾经学过一个故事，关于字母 c 为什么有时候发音是［k］。这个小故事，我讲一遍，你保证忘不了。很久以前，有个国王 king，他很苦恼，因为他太忙了。一只小猫 cat 说："我可以帮助你，以后有什么事情就找我吧。"所以国王 king 不在的时候，小猫 cat 就当国王。就这样，cat 变成了 king。

英语这种语言有着深厚的文化积淀，比如背星期的名字，我小时候干记怎么也记不住。现在我和孩子一起查出每个星期的名字是怎么来的，很多和北欧的神话有关，这样就容易记住了。比如星期四是雷神的名字托尔 Thor，星期四的英文就是 thursday；星期五是爱神的名字弗丽嘉 Frigg，星期五 friday 是属于爱神的，所以大家下班了赶紧回家喔。

由此可见，学英语不只是掌握一门工具，也是掌握一种思维方式，了解一种文化，让我们认识到世界的多样性和文化的多元。

而亲子阅读，无论是阅读英文还是中文，都不要有太强的功利性。我曾经走过弯路。当时对一种看动画片学英语的方法很着迷：多好啊，一边看动画片一边就把英语学会了！当时我和孩子选了一部特别有意思的动画片《小猪佩奇》（*Peppa Pig*），发音非常清楚，故事也很精彩。孩子本来看得挺高兴的，每一只小猪的哼哼他都学得惟妙惟肖："I am Peppa Pig."我突然按下暂停键对他说："暂停！你复述一遍！这个小猪说什么了？"五分钟的动画片生生变成了一个小时的说英语练习，不停地暂停复述、暂停复述！真不错，孩子真的背下来了。我还没得意够呢，第二天，他说："我不想再看这个动画片了。"怎么了，老娘花了这么多时间陪你学习，你还来劲了？你咋不上天呢？我压着火说："不想看小猪，什么动画片都别看了。"孩子说："那我就什么动画片也不看了！"

有朋友问我，你为什么要和孩子一起学英语，是想去外企还是要出国。都不是，就是好玩啊。有人说你这个家长太操心了，我可做不到。没有关系，你可以反过来让孩子教你英语呀。你不想读绘本，让他讲给你听！

学习是一段旅程，千万条道路都行得通，沿途无论苦乐，都是风景。学知识只是一个手段，在这之上的，是学习爱。我愿意在此分享一段美妙的英文：

If I have the gift of prophecy and can fathom all mysteries and all knowledge, and if I have a faith that can move mountains, but have not love, I am nothing.

我若有先知讲道之能，也明白各样的奥秘，各样的知识，而且有全备的信，叫我能够移山，却没有爱，我就算不得什么。

偷摸看电视打游戏就是不上进吗

问： 我自问是一个优秀有上进心的人，可是我的孩子却一点都不像我，总是偷偷摸摸地玩游戏、看电视，也不爱写作业，怎么会这样呢？

答： 喜欢看电视、玩游戏而不喜欢写作业，这是大多数孩子的常态吧。我小时候也是偷偷看电视，家长回来之前赶紧用湿抹布擦电视机给它降温。道高一尺，魔高一丈，我的家长竟然学会了出门前先看看电表数字，回来再看看电表数字——看来一个调皮的孩子可以有效提高家长的智力。

现在我也做了家长，生活中我是一个“有困难要上、没有困难创造困难也要上”的人，可孩子“能坐着绝不站着，能躺着绝不坐着”，美其名曰“节约能源”。怎么办呢？成功的经验我没有，成功之“母”——失败的教训有很多，最失败的教育方法就是讲道理，比这个更失败的是重复地讲道理。

我心中也有一个理想小孩的样子：主动学习，活泼可爱，懂事听话……（各种美好的四字词语大家自己填吧）孩子说："我还有一个理想妈妈的样子呢。你觉得别人家的孩子好，我还觉得别人的妈妈好呢。我也没有对你失望啊。"所以，我常常提醒自己：孩子对我们才是无条件的爱，我们对孩子的爱附加了太多的条件。

没有理想的小孩，也没有说到了几岁他就能自动变成我们希望的样子。

同时我也要提醒自己，什么叫作爱学习？学习的范围绝对不只局限于写作业、掌握课本知识或者看纸书。这么说吧，我小时候偷偷摸摸看的那些电视节目对我长大以后做一个文化记者起到了难以想象的帮助，老一辈艺术家、流行歌手、老电影的情况，我都了如指掌。

但是小时候乱看一些不合适的电视节目也让我受到了不少惊吓。所以，现在我们家是没有电视机的，主要是因为电视节目的内容无法提前审查，也无法停下来和孩子一起分析讨论。但是我们在电脑上下载一些电视节目来看，中途常常会停下来讨论，其中什么地方是不真实的、什么地方是我们不认同的……

我们家长也许应该改变对学习和游戏的狭隘看法：坐着看

书就是上进，玩耍就是堕落。

英国有一所夏山学校（Summerhill School），在其他学校认为无可救药的孩子们，在这里却健康成长。他们有很多的时间玩耍，然后用两年时间完成其他学校需要六七年才能完成的学业。夏山学校的校长有一句话我很赞同，他说："我从未见过一个懒惰的小孩，懒惰往往是因为没有兴趣。承认儿童时代是游戏的时代，是天经地义的事。现代文明的罪恶，可以说是不给孩子足够的游戏时间。换句话说，在未变成大人以前，每个小孩都已经被训练成大人了。"

为什么我们受不了孩子玩耍？因为恐惧。我们把成人世界的恐惧投射到了孩子身上，我们不认为玩耍能学到东西，我们忘记了游戏和幻想，也不让孩子玩耍，然后我们还指望他们成为有想象力和创造力的人？

当我们放松下来，有些问题就会烟消云散。有一句话送给生活在恐惧中的父母：当你握紧拳头，你什么都没有；当你松开拳头、打开手心，你就拥有了全世界。

如何辅导作业不崩溃

问：在辅导孩子作业的时候,我总是忍不住发脾气。孩子做作业拖拉,很简单的问题也要说很多遍，总也学不会自觉学习。怎么办呢?

答：我当过老师，深深知道那些最聪明的孩子都不是老师教出来的，人家天生就是那样。大部分孩子是普通的人，如果我们可以一起往前走，那才更有成就感嘛。

很多妈妈因为孩子写作业拖拉而发脾气。请记住，你是妈妈，你是超人，你一定有办法。

记得有一次我因为孩子作业的事情气哭了，他当时非常惊讶，说："你不可以哭，你是妈妈。"是的，我是妈妈，无所不能的妈妈，如果我不能想出三个以上的办法来解决学习问题，我还算是一个学过教育学的妈妈吗？

关于作业，请记住，作业不是学习中最重要的事情。最重要的事情是享受学习的乐趣。有的妈妈说自己不在家，孩子就不写作业。这当然啦，如果你认为写作业是他最重要的事情，他就是希望和你共享这个时刻嘛。

说实话，很多作业超级无聊。即使不无聊的作业也是针对全班学生布置的，不一定适合每一个孩子的学习程度。做家长的可以根据自己孩子的学习程度来决定作业的配合程度。

比如，跟大家说点悄悄话，我的孩子一年级的时候，我几乎没有要他做过任何需要重复抄写的作业，我都用左手帮他完成了。为什么呢？因为孩子写字非常慢，如果我强迫他完成所有的抄写任务，那这一晚上大家就都别想痛快了。我深深知道老师布置抄写的目的就是让学生学会写字。只有这么一个办法吗？

当然不是。

我的孩子写字慢，是因为小肌肉不发达，与其让他重复抄写，不如让他玩乐高积木、跟我比一比剥豆子。等他的小肌肉发育成熟了，自然写字就快了。不抄写，我们如何学会生字呢？我让他在我的手心里比画，让他在沙子上比画。我们也可以把字编成谜语，例如，王老师和白老师坐在石头上讲故事，是什么字？——碧绿的“碧”字。我也教他学习一点简单的造字规则，比如，“月”字旁的字很多和“肉”有关系，如肌肉、腊肉，这里的“月”不是月亮，是“肉”的变形。

关于背英语单词，我也想过很多办法。例如，关于颜色的词语，我们至少用了六种方法来记忆，包括画图、捏橡皮泥、做颜色游戏、编歌谣、玩填字游戏、自己编故事等。

学习不是任务，学习是享受发现的过程，是了解自己的过程。如果你教不了他，请他教你。当你不知道怎么办的时候，请问你的孩子。我像所有的菜鸟妈妈一样闹过很多笑话，甚至情绪失控打过孩子。当我清醒之后，就向孩子道歉：“对不起，我没有经验，因为我是第一次当妈妈。”孩子说：“没有关系，你有什么不懂的就问我，我一直当宝宝，我很有经验。”

到三年级时，我已经教不了孩子数学了。当他不会的时候，我让他去问同学、上网找答案，然后教我。

他说：“你为什么还要学，你都已经不上三年级了。”

我说：“因为我小时候数学没有学好，和你一起学习，我重新发现了数学的乐趣。而且我爱你，我享受和你一起学习的过程。”

怎么克服学习障碍

问：孩子遇到学习障碍，写反字，bd 不分，pq 不分，家长该怎么办？

答：很多朋友喜欢看野生动物的节目。我看过一个纪录片：一只小象掉进沟里，大象妈妈一开始在旁边看着它费劲地往上爬，实在爬不上来，妈妈会用鼻子推它的屁股，小象借助一点力就能自己爬出来了。

我的孩子说："大象都知道要推宝宝的屁股，等着宝宝，你怎么能让我自己爬呢？"

在和孩子一起学习的时候，我也能深深地感到：的确有的孩子天赋异禀，学什么都特别快，一看就会，拿着书就能念。有的孩子可能需要花很多时间预习，需要家长花很多时间想办法帮助他。但是，如果想出办法解决问题，双方都会获得很大的愉悦感。

比如，有的孩子一年级的时候字母总是写反，bd 不分，pq 不分。家长和老师会批评他不细心。其实不是，而是孩子的方位感没有发育成熟。这个时候抄多少遍字母都是没有用的。我的孩子也遇到过这个问题，我们想了很多办法，包括用橡皮泥捏出每一个字母、做字母饼干、买字母冰箱贴，一定要孩子用手指去触摸字母的方向。

记得我们学习颜色类单词的时候，花了一个星期，把每一个单词都用相应颜色的橡皮泥捏出来，贴在墙上，就像一个艺术品。学习动作词语时，我们就全身动起来：跳、双脚跳、单脚跳、爬。

然而花了这么大力气，孩子还不是考得最好的那个。但是学习不是和别人比较，而是在自己的基础水平上进步，进一寸有一寸的欢喜。更重要的是在这个过程中，孩子体会到父母的支持和爱，也能了解到解决问题的方法不止一种，认识到看待世界的不同角度。

有一次学一篇英文，讲的是一只老鼠坐着火箭到了奶酪月球上。老师问："这是真的还是假的？"孩子说："我认为这是真的，因为老鼠坐着玩具火箭，飞到了厨房，落到了一个巨大的奶酪蛋糕上。"虽然我的孩子英文发音不太标准，语法也不够正确，但是他敢用掌握的英语词汇表达出一个观点，也能自圆其说，我认为这就是很好的学习能力。

我很喜欢人本主义心理学家罗杰斯说的一句话：爱是深深的理解和信任。孩子遇到学习障碍，就是给大人机会去理解他、帮助他，一如既往地爱他。所有为孩子学习过度焦虑的父母在心理上都是没有和孩子适度分离，把自己和孩子捆绑得太紧密，把孩子的学习进步看成自己的荣耀，把孩子的学习挫折看成自己的挫折，把孩子的学习自主要求当作对父母权威的反抗。

每个人生来就有天赋的学习潜能，就对世界充满好奇，我们需要多种渠道全面了解孩子，并信任孩子的学习倾向，理解其内在兴趣，提供适当条件，以促进他们自发地学习，释放所有的学习、发现、丰富知识与经验的潜能和愿望，而不是以强制手段，否定、扭曲、抹杀其本性。

如何表扬一个交白卷的孩子

问：我有一个10岁的儿子，数学和英语成绩中等。平时喜欢看小说，就是不喜欢上语文课，上次考试交了白卷。老师天天当着全班同学的面批评他，在班级群里也批评我，还把我叫去谈话，言辞犀利，要求尽快想办法提高孩子的成绩。我真是愁死了。孩子交白卷该怎么办呢？

答：您现在一定很焦虑。我也像您一样，要是被批评的是自己所爱的人，比自己挨骂还难受。别看我和您说得头头是道，可是老师一说我的小孩这个那个，哎呀，什么教育心理学全都抛到爪哇国去了，我能絮叨得嘴巴完全独立于大脑之外。

和孩子谈话之前先洗个脸吧。妈妈放松，和孩子站在一起，孩子才会合作——我们要经过一次又一次的尝试才能认识到，孩子的每一点进步都是很不容易的。

您说孩子数学和英语还可以，这是让人高兴的事情，至少说明孩子的智力是正常的。您还说他喜欢看长篇小说，说明阅读能力也是没有问题的。如果语文考试交白卷，您觉得是不是孩子有情绪呢？

老师面对的是一整个班级，有教学进度的要求，可能不能对每个学生都照顾周全。然而对于母亲来说，您是最应该支持他的人，您要了解他的问题出在哪里，无论如何都要支持他、帮助他。老师当然希望孩子快速赶上，但是我们做母亲的要允许孩子有自己的学习节奏，只要孩子每天有进步就可以了。

我觉得他现在是感觉被孤立、被抛弃，所以就自我放弃，交白卷是一种示威，也是一种寻求帮助的强烈信号。

要不要报课外辅导班？如果老师要求很强烈，您就带孩子去试听一下。如果辅导班的老师很有耐心，您的孩子也不反感老师，这个班的人数不多，那么您在经济条件允许的情况下，也可以给孩子报一个班。因为一个有爱心的老师可以激发孩子的学习热情。母亲再爱孩子，也缺少教师的权威，说得太多，又会影响母子感情。

讲道理呢，效果是不太好的。您是妈妈，用语言和行动支持他、爱他。如果他喜欢和您有身体接触，就搂着他一起背课文，记生字词。如果他喜欢听您说爱，就和他说：“我非常爱你，我们一起努力。学习不是为了考试，考试只是一个检查，让我们知道哪些地方没有熟练。妈妈知道你可以学会，只是需要一些练习。妈妈很多也不会，我们一起来寻找学习方法。”然后，把学习任务分成一个一个小的学习点，一个一个地去克服，这样大脑就会得到愉悦的奖赏。

同时，我个人认为您的孩子智力绝对没有问题，他主要是情绪上对抗老师。老师找家长，说明需要家长协助沟通，我们就要做一切有利于团结的事情。无论老师说什么，尽量不要原话照搬。老师也是人，累了一天，说话有情绪也正常。找家长说明咱孩子的学业还有抢救的余地，否则就直接下“病危通知”了。

两边说好话。比如见到老师，就说：“老师您费心了，孩子在学习上有困难，我一定会帮助他。您看是不是就不要在全班的微信群里说孩子的事情，别耽误大家的时间，咱们尽量私下沟通。”

回家对着镜子练习一下微笑，拿张纸写出孩子至少十个优点，把所有话都正面表达，例如：“老师说你上课非常积极参与，回答问题之前多想一分钟提问者的目的就更好了。老师还说你写作业也非常快，写字的时候慢一点就会更好了。老师说你的本子保持得很干净，把昨天的作业补上就更好了。”

我们不撒谎，都是真话，就看怎么表达。比如语文听写，10 个词语错了 5 个。只看到问题的人就会这样说：“怎么回事，一半都不会？你上课都干什么去了？”看到成绩的人就会这样说：“做对了　半呢！学了一堂课就会了一半，很不错，只要我们今天再复习一下，就会掌握更多！”交白卷也有正面价值：诚实，没有抄袭，没有逃学。

以上说的都是“术”，小技巧而已，归根结底要重视“道”。对孩子来说，学习之“道”就是逐渐发现自我、成就自我、回馈社会的过程。走上此“道”开始时需要外在的推动力，得到表扬、奖赏，慢慢大脑就会将学习和奖赏建立联系，内化为我要学习的信念，最后学习本身就能带来愉悦。学习就是最大的奖赏。

对于我们大人来说，这个“道”是学习对孩子全然的接纳。如何接纳？我从《无条件接纳自己》这本书中学习了一些技巧，编写了接纳孩子的 7 条建议：

1. 使大人烦恼的人不是孩子，而是大人自己。

2. 积极支持孩子，但是对结果不抱任何预期。

3. 大人提出的建议，孩子可以拒绝。

4. 大人永远不要用孩子的成绩来满足自己，尽管这看起来很令人愉快。

5. 大人真诚地希望孩子表现更好，但这并不是命令。

6. 孩子的不良行为不等于他的人格——永远如此。

7. 想想明天，明年，十年……这事有那么重要吗？

其实，我们每个人都可以写下自己的接纳法则。

养育孩子真是世界上最有挑战性的工作，迫使我们对自然规律谦卑，放低姿态，重新学习做一个孩子，和他一起成长。

玩游戏和学习时的专注力是一样的吗

问：如何培养孩子的专注力？我总觉得孩子很难坐得住。孩子很正常，肯定不是多动症。

答：您可真是问对人了，我一年级时刚开始常常被老师怒斥“屁股上有疔”。换了一个老师之后，突然之间，我就变成了好学生。其实我还是稀里糊涂的我，只是这个老师允许我上课看小说。我可以一天看完十万字的小说，不用跟着念：“太阳说早早早，你为什么背上小书包？”所以，我到底是一个“屁股上有疔”的孩子还是一个稳重早熟的孩子？想到这个问题，我好像人格就要分裂了。

如何培养专注力？大人先想清楚什么是真正的专注力，孩子需要什么样的专注力，而不是大人想当然的专注力。

打个岔吧。我曾经参加日本绘本大师五味太郎的创作观和教育观专题研讨会。五味太郎是谁？是一个有创意的童书作家。曾有人说他是一位“打破了童书着色、设计常识，以实验、独创的风格获得了上至大人、下至幼儿广泛支持”的绘本作家。

总之，先不管他是谁，我想说的是他写了一本很好玩的书《孩子没问题，大人有问题》。这本书反思的是日本教育中的问题，我觉得是一本很难得的，站在孩童的角度、站在人的长远发展的高度谈教育的书。例如专注力这个问题，五味太郎说父母都希望孩子具备专注力，却不认可孩子在玩电子游戏时所具备的专注力。父母提倡孩子乐于助人，可是如果一个孩子热衷于到处捡塑料袋，或者招募同伴成立“捡垃圾小组”，父母肯定会特别不安，这种专注力也是不被父母认可的。

五味太郎还说了一个朋友的故事，这个姑娘从小特别专注于玩沙子，却总是被阻拦。为什么呢？因为这孩子只喜欢一个人在沙坑里玩，特别陶醉。可是老师和父母担心得要死，怕她社交方面有问题，总是说：“来，和大家一起玩。”没办法，小姑娘只好回来和大家玩。过了一会儿，她又不专注于集体活动了，还是跑回沙坑一个人专注地挖沙子。最后，老师竟然把其他孩子带过来说：“大家和她一起玩。”

大人是不是被自己的思维限制了呢？只看到捡垃圾的孩子不卫生、专注力不“高雅”，却看不到孩子在社会活动方面的潜力；只看到玩电子游戏的弊端，看不到电子游戏对孩子多种能力的培养；只认可和别人玩才是正确的，陷入“一个人玩”就是不正常这种思维模式，不知道享受一个人玩的孩子具有丰富的想象力和专注力。——那个喜欢一个人玩沙子的女孩，现在是由着性子一个人玩艺术的绘本画家。

每一个人都有自己独特的学习方式，也有独特的专注力。要是某件事情上孩子没有专注力，我能想出四个原因：第一，这件事情没意思；第二，不契合孩子的天赋；第三，大人高估了孩子在这个年龄的耐受力；第四，孩子专注的时候总是被大人打断。

什么？你觉得我扯得太远？你需要的是孩子写作业又快又好的专注力？

这个问题吧……首先，这个作业有意思吗？其次，你上了一天班，回到家不准吃点心，不准看电视，不准玩手机，却要写规划和总结、做表格和PPT。要是你还能怀着吃海鲜大餐的兴奋、一屁股坐下来两小时不挪窝——呵呵，我敬你是条汉子！

小学生父母的焦虑症

问：孩子上了小学，我本来也是抱着自然养育的观念，想让孩子快乐自由地成长。可是孩子上学后不爱写作业，考试成绩也不行，还总是被老师告状，我脸上也挂不住啊。现在我非常焦虑，这可怎么办呢？

答：我们都焦虑，不焦虑的家长得多大的心啊。

我见过一个心大的爸爸，他叫蔡朝阳，家里也有一个小学生。和他交流非常亲切，因为我和他一样都当过语文老师，都做过儿童阅读相关工作，我们的孩子也一样大，教育孩子的很多做法也不谋而合。只是我没有他那样的执着和透彻。他谦逊地说，自己也会急躁，但是保护孩子内在生命力的信念从未动摇。所以我很想把他的故事介绍给焦虑的小学生家长。

淡定的家长一般在小学择校前开始焦虑，蔡朝阳的孩子也面临择校的问题。跟大多数人不同的是，蔡朝阳一家从所谓的名校区搬到了普通小学区，选择了一所山脚下的公立小学。这里作业少，环境好，空气清新，虫叫花香让人愉悦。这就是他想要给孩子的：一个完整的、不急功近利的、有足够的时间虚度的童年。让孩子有时间玩游戏，有时间发呆。

蔡朝阳曾因批判语文教材而出名，但是他依然为孩子选择了公立小学。为什么呢？很重要的一点是为了让孩子遇到足够多的同龄人，学习跟同龄人交往、理解社会的多样性，养成学习习惯。至于学习的内容，家长可以补充。

他说，学校并非学习的全部，把教育问题一概推给学校，这是一种思想上的懒惰。他很谦虚地表示自己“既不准备训导儿童，也不准备安抚家长”，但是他的故事依然让我们看到每个人都是有选择的。比如，对语文教材不满意，可以自己补充阅读；课外活动不够，可以自己带孩子爬山、露营、看流星雨。孩子自觉学习有困难，那么每天晚上 8 点半之后不再接任何朋友的电话，一心陪伴孩子……

陪孩子写作业是很多温柔妈妈崩溃的时刻。蔡朝阳说：“如果我们不能改变学校的作业，至少可以不再额外增加重复性的作业。孩子不喜欢机械性的作业，但是家长依然要督促他完成，因为要让他知道一个人总有一些事情无论喜欢不喜欢，都必须去完成。”如果我们将上学视为人生成长的一部分，那么就不容易被作业、考试、分数所限制。

为人父母要问自己：你对自己的希望是什么？你对孩子的希望是什么？蔡朝阳对孩子的期望并非出人头地，而是让他以舒服的方式生活在世界上；希望让孩子拥有一个不被焦虑的父母和繁重的学业所绑架的童年。他清醒地认识到，所有的无力感其实都是成年人的焦虑，成年人应该在自己的身上解决。——这一点我是很久才明白的。

为什么会有焦虑？他认为有两点原因：一个是家长的虚荣心，另一个更深层次的是对孩子成长规律的不理解。人生很漫长，童年的准备阶段不在于分数名列前茅，而是培养意志力和品格，保持与生俱来的对万事万物的好奇心。只要没有伤害孩子的求知欲，他总会走出自己的路。

中国家长还有一个焦虑的根源，在于把自己和孩子绑在一辆战车上，而没有厘清亲子界限。“孩子的人生是他的人生，他在这一生中遭遇的，他感受到的、应对的、创造的，都是为人父母无法替代的。”

如何解除焦虑？也有两点：一个是大人要不断学习，要认识教育的本质是什么，学习是如何发生的；另一个是把目光放长远一点，从一个较长的时间段来看孩子的成长。

蔡老师的实践呈现了一种价值观：对个体生命的理解和尊重。无论多么担忧，无论多么爱，我们不能把自己未曾实现的理想和希望寄托在孩子身上。因为我们的路只能我们自己去走，孩子也必将独自前行。解除焦虑的能力就在我们自己身上，唯有开放的观念、温和坚定的信念，才能获得自由的力量。

喜欢阅读，为什么不喜欢语文

问：我的孩子刚刚升入初中，他的数理成绩非常突出，也非常喜欢阅读科学书籍，但就是不喜欢阅读文学作品，也很不喜欢上语文课和写作文。不知道如何帮助他提高语文学习成绩？

答：我知道您一直陪伴孩子成长，对孩子的个性特点和学习方式心里是非常有数的，您为什么要问我如何提高孩子的语文成绩呢？我想您大概是希望我提供一个第三方的视角。

我曾经当过语文老师，而且主要教不喜欢语文的理科班。我从三个方面思考不喜欢语文课这件事。

第一，我们可能要坦然接受一个人不是每一门学科都拔尖的现实。有的孩子数学、物理、化学甚至英语成绩都非常出色，但是语文相对来说就薄弱一点，这是正常的。事实上语文和数学从某种程度上讲，思维方式是不一样的，一个偏重形象思维，一个侧重逻辑推理、计算能力。同样是学语言，英语和语文又有不同，目前中国孩子的英语学习和中文认字差不多，是一种工具式的学习方式，距离当作一门语言艺术来学习还是有一定距离的。

我非常喜欢的物理学家费曼，是一个数学和物理的天才，但是他在学校时非常畏惧文学课。这又有什么关系呢？他在物理学上做出了开创性的成绩，还写了几本畅销科普书呢！

过去我们常说“取长补短”，其实对一个人的发展来说，也许更需要的是“扬长避短”。如果我们可以接受孩子有自己的优势特点，主要发展优势，那么不太有优势的学科能保持中等，未来发展留有余地，不是也很好吗？

第二，就我的观察来说，我认为一个如饥似渴阅读科学书籍的孩子，他的语文学习能力其实是非常强的。他可以阅读远远超过他学习年龄的科学书，怎么可能没有语文阅读能力呢？那么为什么语文老师会认为他不擅长学习语文？是不是我们阅读和写作的定义太狭窄了呢？

我看过一个美国孩子的阅读书目，大致分成七类：经典文学、历史（以历史为背景的和孩子成长有关的故事）、当代文学（和现代孩子的生活教育有关的小说）、诗歌、人物传记、科学信息类以及幻想小说。而对于刚升入初中的孩子来说，文学类书籍只占阅读总量的45%，科学信息类书籍占55%。从这个阅读数据对照看，喜欢科学书超过文学书，很正常嘛！

第三，数理成绩突出又喜欢阅读科学书籍的孩子，绝对有自己的特点和发展优势，为什么还会为语文学习感到烦恼？也许是因为我们的语文学习方式和考查方式没有契合这类孩子吧！

首先，很多语文课偏于刻板教学，大量的时间都在做重复的毫无意义的练习，但凡有独立思考能力的孩子怎么会喜欢这样的语文课？其次，我们的阅读和作文课不是鼓励孩子思考和表达自己的思考，而是猜测出题人的意思和掌握固定表达模式。最后，每个人的大脑学习方式是不一样的。现在语文课大量使用的是听和读，对于那些习惯动手的孩子来说，这无异于折磨。丘吉尔是伟大的政治家、演说家和作家，可是他在读书的时候并不是一个好学生，因为他喜欢把自己的思考写下来，但是课堂老师总是要求朗读。这种学习方式不是他擅长的。

我看过一篇阅读量超过百万的文章，是耶鲁大学教写作的老师指出中国学生一些不好的学术写作习惯：喜欢用各种复杂的术语来重复同一种意思，喜欢诗意的华丽的辞藻和句子，但这对读者来说是一种干扰，使他们不能抓住文章的中心。——为什么会有这样的写作问题？难道不是因为长久以来，一些语文老师缺少开阔的视野和宽广的胸怀，不能欣赏简洁、逻辑性强的写作方式，而是一味地推崇华丽空洞的辞藻，才导致学生一写作就偏于追求形式?

我相信喜欢读书——无论什么类型的书——的孩子的学习能力都不会差，他的语文只需要做到保持基本的课堂纪律、完成作业，作文做到文从字顺，课外喜欢阅读什么就读什么吧。因为他的未来不由某一个老师、某一次考试决定。请把一个人的成长放到更长远的时间和更广大的世界去考虑。——这也是我对自己的鼓励，和所有为当下考试成绩苦恼的家长共勉。

游学打开了另一扇大门

问：假期快要到了，很多游学的信息也扑面而来，为什么要去游学呢，这和旅游有什么不同？

答：游学和旅行最大的不同在于“学”，游学制定的内容也是围绕孩子的需求。在成熟的游学市场，会有很多不同的游学项目，满足不同个性特点、不同需求和不同成长发育期的孩子。

在我的孩子 4 岁的时候，我曾经带他参加过一次草原游学，他当时虽然年纪很小，可是跋山涉水丝毫不觉得疲倦。在游学中结交的朋友和看到的满天星斗，他至今难忘。如今游学的内容更加丰富多彩，有科学考察的、艺术教育的、体能训练的，还有关于领导力的和关于管理能力的。有的游学项目是在国内，也有些家长会把孩子送到海外插班学习，也有童子军、冬令营、夏令营等专题游学。

我参加过一本书《小别离，大格局》的分享活动，这本书有去往世界各地的中小学生微留学的实例分享。它有一句话很能概括游学的意义：一次大胆远足，衍生无限可能。多好啊！在假期里能够有一个充足的时间，逃离题海，摆脱对分数的依赖，体验多元文化，激发内在的学习动力，体验生命的更多可能。具体选择什么样的游学项目，当然是要根据家长自己的经济能力和孩子的兴趣特点做决定。

在我 13 岁的时候，我的大部分同学都去参加了珞珈山下的一个数学夏令营，我却因为作文比赛获奖而参加了另外一个夏令营。那是我第一次离开家，第一次坐轮船，也是第一次“遥望洞庭山水翠”，看到了“不尽长江滚滚来”的风景，体会到了苏轼所说的“不识庐山真面目，只缘身在此山中”是什么意思。

那个时刻我正在面临人生的一个重大选择：是继续在自己不擅长的数学天才班，还是选择去一个普通的班级？那次的游学并没有具体教给我什么东西，但是把我推出了自己的舒适区，第一次独立生活，最终找到了自己的方向。

今天的孩子要比我小时候更加幸运，因为可选择的游学项目太多了，包括去海外的机会都非常多。年纪小一点的孩子可以由父母陪同，双方有一段相对密集的相处时光，离开熟悉的环境，共同面对困难，一起向外探索，能拉近心和心的距离；而大一点的能够独立生活的孩子，参加一个可靠的游学营，对孩子的独立思考能力、处事能力、动手能力，都有一种跳跃式的提高。就像《小别离，大格局》书中一个参加海外游学的14岁孩子所说："这是对人生道路的另一种探索，不是为求得真理，只为不再居一隅而自认真理在握。"

如果我要为我的孩子选择游学，我会把《本杰明·巴顿奇事》里这段话送给他：

> 我希望你能遇见让你惊叹的人事，
> 体会你从未有过的感觉。
> 我希望你能见到其他与你观点不同的人们。
> 我希望你能为自己的人生骄傲。
> 如果你发现自己没做到，
> 我希望你有足够的力量重新开始。

科学兴趣保护孩子的想象力

问：怎样才能培养孩子对科学持久的兴趣?

答：小时候，每个孩子都是科学家，长着长着就裂歪了。

我家孩子小时候最喜欢待的地方就是澡盆，那里是他折腾的大好天地。他用矿泉水瓶玩深水炸弹：奇怪，瓶子口垂直冲下的时候，水为什么进不去？由此我们一起发现了大气压力。

他也琢磨不同的洗发水，为什么制造出来的泡沫不一样多？虽然我立志要做一个亲妈，一定要保护孩子的好奇心，但是，洗发水很贵啊，一次用掉一桶未免太费钱了吧。于是我到超市化妆品柜台买便携装的小空瓶子，每次只能给他一小瓶。这也架不住他要做对照试验、重复实验。我们家的钱肯定不是风刮来的，也肯定不是被风刮走的，而是从下水道冲走的。

在培养孩子方面，我是很随意的，但是很多人做得很专业。

我想和大家分享我参加的两次活动。

一次是听《科普时报》总编辑尹传红的讲座。参加这次活动的是来自北京一个幼儿园的小朋友。在活动开始前，尹传红老师跟我讲，从来没有给四五岁的孩子讲过科普，该说什么呢？就说说自己是怎么长大的吧。

他说了自己的童年故事。他奶奶给他买了很多的科普书，比如《十万个为什么》《小灵通漫游未来》。自然启发了他的好奇心，科学书籍引导他走向了科学的大门。所以尹老师鼓励家长多带孩子到野外去，同时阅读各种各样的科学书籍。

孩子们天生喜欢自然，每当尹老师展示屏幕上的动物图片时，孩子们都瞪大了眼睛，非常踊跃地回答问题。尹老师问："你们知道为什么蝙蝠在晚上，也能看得很清楚，飞来飞去而不会撞到树上吗？"孩子们回答可积极了，不管知道不知道的都举起小手，有的说："因为蝙蝠有一个电灯！"还有的说："蝙蝠眼睛会发光！"也有那种什么都知道的小孩说："因为它有超声波定位系统。"

活动结束后，我对尹老师说："我觉得那个回答蝙蝠自带电灯泡的小孩特有想象力。"尹老师说："小孩子怎么回答都没有关系。大人适当地告诉他科学真相，和保持孩子的想象力并不冲突。"

从这次活动我能体会到幼儿园和小学低年级孩子，主要是

有的成人小时候得到的关爱很少，就会加倍疼爱孩子，补偿的是自己内心的小孩。不肯放手让孩子独立，是因为成人心里有一个小孩子还没有长大。

我很享受养育孩子的过程，也感谢有机会伴随着孩子的成长，让自己回到那个被遗忘的世界，给孩子一个我未曾有过的童年，从一个新的角度理解我自己何以如此，理解生命的参差多样。

我小时候的温暖记忆就是母亲下班带一本书给我，父亲给我念睡前故事。9岁那年，父亲对我说："现在你已经认识很多字了，我不再给你讲睡前故事，你自己看书吧。"对我来说，那一刻是童年的终结。

无论多么担忧，无论多么爱，我们不能把自己未曾实现的理想和希望寄托在孩子身上。因为我们的路只能我们自己去走，孩子也必将独自前行。解除焦虑的能力就在我们自己身上，唯有开放的观念、温和坚定的信念，才能获得自由的力量。

培养科学兴趣。等孩子再大一点，澡盆子已经装不下他的探索了。该怎么办呢？当孩子上学之后，特别是小学高年级或进入中学，持久专注一个项目就变得非常重要。

另一次是我参加了一场科学少年对话活动。30 多位来自北京公立学校和国际学校的科学少年，围绕“未来人类解决的两大问题——疾病与衰老”“机器人与社会分工”“人类对宇宙的探索”这三个议题，分享观点并进行了讨论。

在主题发言环节，哇，这些孩子简直太牛了，像真正的科研工作者那样宣读论文，介绍自己在人工智能、基因科学以及宇宙探索等方面的研究，很是像模像样。有一个孩子全英文宣读——竟然没有要求同声传译。一位研究基因的专家问这个孩子有没有做过实验？他说没有，主要是看资料。专家提出建议，希望他有机会到实验室里体验一下。因为今天的孩子语言能力和检索信息的能力都很强，能通过网络学习到很多前沿的科学知识，但是实际操作是另外一回事。而进入实验室，和顶尖科学家一起工作并不是遥不可及的事情。

有很多机构提供研学活动，比如中国科学院各个研究所每年都有社会开放活动，孩子们可以去基因实验室跟着中国最优秀的科学家学习如何克隆一只猪、复活一只猛犸象、怎么做一次自己的 DNA 检测。我深感，时代给孩子提供了多么好的学习条件，只要有心就能得到学习资源。

能够和科学家面对面，对于一个热爱科学的孩子来说是极大的激励，甚至有可能点燃持续一生的梦想。比如获得诺贝尔物理学奖的索恩，他小时候的梦想是开一辆铲雪车，直到 8 岁那年，妈妈带他去听了一次科学讲座，完全改变了他的人生志向，他把目光从铲雪车转向了浩瀚的宇宙。

不管如何，保持对科学的热爱，或者说对任何事情的热爱，都需要保护孩子的好奇心和热情。

如果孩子比我们看得远，比我们有雄心，我们不要挡在他们的前面。不要因为我们看不到而斥责他们。当他们低头关注昆虫、抬头仰望星空的时候，不要斥责他们不务正业。鼓励他们，欣赏他们，给他们创造更多的机会。

有一个孩子说我喜欢机器人，但是我未来并不一定会成为一个机器人科学家，我可能会从事摄影。是的，这就是未来跨界的人：持久专注地热爱，享受科学钻研的乐趣。只要保持心灵和视野的开放性，就有无限的可能。

为什么要带孩子去书店

问：在这个电子阅读越来越广泛的时代，很方便地能在网络上买到书，我们还需要实体书店吗？有必要带孩子去书店吗？

答：网上买书便宜，还要去实体书店吗？

这就涉及一个问题，我们如何理解书店？它是一个买东西的超级市场吗？是一个展示海量图书的书摊吗？或者，它是一个独特的阅读空间？是让我们认识孩子，让孩子悄悄爱上阅读的魔法空间？

我的孩子没有上幼儿园，我就想如何不花钱、少花钱，却能享受最好的教育呢？我的办法是带他去公共空间，包括博物馆、公园、植物园、儿童游乐园、图书馆、书店……每个星期我们都会去书店。

对幼小的孩子来讲，书店不只是一个买书的地方，更是一个游乐的地方。很多大型书店都有专门的儿童区，甚至在很多城市也有专门为儿童设计的书店。当我教给孩子在公共场所要保持适当的音量和遵守的规则之后，就可以陪着他一起享受书店的独有乐趣了。（请务必记得，永远不要让孩子离开你的视线范围。因为即使是儿童书店，也依然是一个公共空间，身为父母，对孩子负有监护责任。）

书店也早已不是一个简单的卖场，而是一个文化体验空间和综合文化消费共享平台。我曾经带孩子去过一家被评为世界上最美书店的儿童书店，它的场地并不大，但是每一个角落都经过了符合儿童心理学的设计，比如在书店的正中间有一个凹下去的半球形，内部铺上彩虹色的地毯，孩子可以躺在中间看书，就好像被一个半圆球所拥抱。书店的玻璃窗有攀爬功能的设计，我现在都记得孩子坐在圆形的窗台上看书，背景是蓝天白云，他好像坐在月亮上。

儿童书店里面针对不同年龄段展示不同的图书，从翻翻书、声音书、毛绒书、洗澡书到透视书、无字书……来自世界各国的优秀图书琳琅满目，书打开来铺在大大的地板上，孩子可以趴着看；小小的巴掌书，可以放在孩子的手掌心里。谁家里能有如此多、如此有趣的新书啊。

在安全的前提下，孩子仿佛在书的海洋里遨游，又好像是在一个游乐园里跟书籍玩耍，很自然地就跟书产生了亲近感。

很多家长不知道怎么选书，很简单的办法就是带孩子去图书馆、书店，非常直观地就能够知道孩子喜欢什么书，不喜欢什么书。他不喜欢不等于这本书不好，也许只是不太符合他这个发展阶段。比如我的孩子3岁的时候在书店看《丑小鸭》，他听到丑小鸭受欺负，难过地大哭起来。我马上把这本书拿走了。安徒生童话虽然经典，但是对这个年龄段的孩子来说，情感的冲击太强烈了。

逛书店，无形中会扩大我们对书的认识，不只是知识的载体，也是陪伴成长的玩伴。在儿童专有的空间里，孩子是得到尊重的，同时给他们一个选择的余地。孩子在书店游玩之后，基本上会挑选他最喜欢的书，哪怕看过了也愿意带回家。在书店买书的体验和在网上购书是完全不一样的。在书店遇到一本书，就好像和一个人在一个特殊的空间里相遇，有一种特殊的情感连接。

比如我的孩子每次离开书店都会买走一本书，对他来说，这本书就是他的一个好朋友。他5岁的时候曾经在书店看完了一本书《肚子里的火车站》，是一个用童话方式教育孩子不挑食的故事。他很喜欢，在书店看了一遍又一遍，还不满足，要带回家。如今他十几岁了，我在整理书架的时候，问他还要不要这本书。他拿下来翻看，一边看一边笑着说一定要留着。他说还记得是什么时候买的，那天是什么样的天气。

在书店和一本书相遇是有故事的。带给我们多元的体验和记忆，也是书店的价值所在。书店给了我们一个场所，一个可以装故事的地方。

在书店，孩子能学到一件很重要的事情，就是做选择。书海浩瀚，他不可能把所有喜欢的书都带回家。我给孩子的规定是每次最多买五本，那是一只小手五个手指头的数量。在这个纷繁世界里，如此多的好东西，必须选择，教孩子理解我们不可能拥有全世界的美好，只能选择这一时刻觉得最好、最能打动你的。最后也要学会为自己的选择负责，有可能精挑细选的书成为一生所爱，也有可能买的书拿回家了就不喜欢，这也不是吃亏，而是在潜移默化中认识到，自己在某个时刻的决定不是持久的。

有的家长说，不能带孩子去书店，他就喜欢看一类书。那就让他看啊。一年、两年、三年、十年，他都只喜欢看这一类书吗？有很大的概率，他过一段时间就转移了兴趣，毕竟书店好玩的书太多了。就算他一直喜欢某一类型的书，这有关系吗？曾经有一个孩子只喜欢恐龙书，只喜欢画恐龙，长大之后他成了中国最棒的恐龙画家。如果你的孩子对某一个领域很感兴趣，看了成百上千本有关的书，那我要恭喜你啊，他就是这个领域的阅读专家呢。

除了和书相遇，还会有一些特别的收获。比如说书店会有很多互动活动，我们参加过很多书店的互动活动，包括和艺术家一起画画、做手工、过传统节日……

现在很多城市各具特色的书店越来越多，如果我们去的书店足够多，无形中也是一种美学的熏陶。孩子接触多了之后，就会知道什么样的书店是让他感觉舒服的、放松的，让他感到被接纳的。我们喜欢那样的书店：很安静，除了咖啡售卖处有轻柔的音乐，没有喧闹的促销声和高音喇叭的刺耳的叫声。书店的布置是能够感觉到空气的流动，而不是拥挤窒息的。更理想的书店是能够听到大自然的声音，感受到自然的光线。

最重要的是，我们和孩子一起享受一个美好的书店空间，共度一段美好的生活。孩子可以选择他喜欢的书，介绍给父母。父母也可以选择打动自己的书，介绍给孩子。在这个美好的空间，一本书，经由爱它的人介绍给下一个人，从一双手传递到另一双手，会有一些坚硬的东西在融化，而一些柔软的东西在生长。

迷茫中梦想如何照进现实

问：我是一名准初三的学生，有很多的梦想没实现，现在我很想写小说，可是在写作上觉得我自己的文章很“苍白”。快要中考了，又想把成绩提上去，可是写作业时总是心不在焉，不想写。弱弱地问一句，一个人可以拥有很多职业吗？怎么样才可以发展所有职业呢？

答：读到你的问题，有那么一瞬间的恍惚，我以为看到了少年的我。你所描述的现状和你所提出的问题似乎并没有逻辑关系，但是我能体会到强烈的情绪上的联系。有一个词语可以形容这种状态：迷茫。

这是一个非常有趣的时期，在这之前，我们几乎所有的好奇心是向外的，而此刻，你的探索开始深入内心世界：我是谁，我想成为什么样的人，我能成为什么样的人？这一时刻，我们内心有不断涌动的想法，如同湛蓝天空的云彩变换。而同时，前面的风景朦朦胧胧，我们不知道如何到达那里。这一时刻，是世世代代的作家、诗人讴歌的时刻：青春。但是身在此刻的我们，被无数的情绪困扰，早点过去吧青春，我们只想成为一个大人！

在我准备回答你的问题的时候，我翻出了自己那个年纪的日记，发现自己对未来充满担忧，甚至害怕自己活不到 18 岁。而今天的我，成为你所说的多种职业者，或者用时髦的话说是“斜杠青年”。我，李峥嵘，是记者/编辑/教师/专栏作者/活动主持人/图书行业的观察者/亲子阅读的推广者……

按照世俗的标准，我恐怕不是一个成功的人，但是我很高兴没有活成自己当年讨厌的大人，做的事情都是自己喜欢的、擅长的、感兴趣的。就我目光所及，我看到很多人在多种职业中游刃有余，因为在这个共享的时代，不只有共享单车，更能共享兴趣、时间。

如何从迷茫中把梦想变成现实？送给你一勺鸡汤：看天空云卷云舒，在水分没有聚集到一定的时候，在气候条件没有成熟的时候，我们并不知道哪一朵云会下雨，但是并不意味着每一个水滴没有意义。例如，我当教师的时候受到的第一个基本训练是如何提问，这正是后来我做记者的基本功；当我做记者的时候，学习倾听对方的讲述让我看到不同的人生、理解不同的心灵；大学时候所修的心理学课为我写科学专栏播下了最初的种子；做读书编辑阅读大量的脑科学和心理学作品让我在写问答专栏的时候理解心智如何运行……

“联溪难记曲，叠嶂不知重。”当小溪连成一片时，很难记得它的曲折；当山峦形成连绵的屏障，谁还知道它是由多少山头组成的呢？如果我们是一个勇于面对自己内心的人，那么所有读过的书、干过的蠢事、遇到的人渣，所有的迷茫、痛苦与黑暗都有助于我们理解他人的言外之意和词不达意。

“此时迷径处，形问影何从。”当迷失在这条道路上时，我的身体问我的影子：你要何去何从呢？影子当然要跟随身体了！

去吧，接受你此刻的迷茫，怀着好奇、热诚、真挚去做你今天的每一件事情，你会慢慢发现迷雾中的自己。至于未来从事什么职业，能否实现集多种职业于一身，取决于你为此做了多少准备、尽了多大努力、有多大优势，还需要呢，一点小小的又是不可缺少的运气和机缘。

不要扼杀孩子的学习力

问：现在都说要提高孩子的学习力，你认为什么是学习力，怎么才能培养孩子的学习力呢？

答：学习力，相信很多专家对此都有非常专业而详细的论述，在我看来，简单地说，学习力就是学习的能力，是在你离开学校、没有老师监督、没有考试鞭策的情况下，你依然能够去主动读书，为自己的人生目标、工作目标而学习，同时可以有计划地提升自己，并且乐在其中，也就是享受学习所带来的乐趣。学习力，是一种强大的内在驱动力，而拥有这种能力的人会将学习本身视为学习的奖赏。

具体到与成绩有关的学习，我想说三句话：第一，学习过程比学习结果更重要；第二，和自己比，不要盲目地和他人比；第三，每个孩子都具备学习力，家长要做的是不伤害孩子天然的内驱力。

没有一个孩子是天生懒惰的，也没有一个孩子是不对外界保有好奇心的，家长所要做的就是尽量不去破坏它。比如我的儿子看了贝尔的《荒野求生》之后，想要做一些科学实验。贝尔是如何在野外晾干一件湿衣服的呢？他把淋湿的衣服冻成冰，第二天再把冰块砸掉。我儿子想做这个实验。其实，这个实验跟学校的学习没有任何关系，但他有这种好奇心和动手的愿望，这就是内在的学习力。我当然同意他去做，但我建议他选一件小衣服，万一失败了，也不会付出太大代价。于是他选择了一条小内裤，冻成冰块，第二天砸碎冰块之后，他发现裤子果然干了，但也烂了。他对这个实验的总结就是把内裤换成野外冲锋衣就不会烂掉了。

学习过程比学习结果更重要。我儿子可能天生就没有唱歌的天赋，于是我们找各种办法花很长时间去练习一首歌，虽然在最终的音乐考试中成绩依然不如那些天生音准的孩子，但他经过这番努力，在自己原有的基础上已然有了很大提高。我觉得这也是学习力。

同样重要的一点是，不要盲目地去跟别人比较。儿子每次试卷发下来，我都会遮住分数签字，然后问他："你知道这个题为什么错了吗?"只要孩子跟自己比有进步，就要鼓励他。我尊重孩子的自然发育过程，不将他和别人家的孩子比较。同时，我不会任其为自己的不足找借口，鼓励他不断在自己原有的基础上提升自己。发现问题，克服困难，解决问题，这都是学习力的表现。

其实只要是正常的孩子，都会主动地学习。因此，并不需要刻意地培养。相反，很多时候大人是在破坏孩子的主动学习力。比如说，当孩子在做一件事情时，家长常常会打断他，一会儿说你应该去干这件事了，一会儿说你该去吃点东西、喝点水了，大人是在用自己的时间逻辑破坏孩子的自主安排，久而久之，孩子就失去了自己安排学习进度的能力。

在我儿子三年级的时候，我就不再辅导他的作业了。事实上如果他没有完成作业，我也会很着急。有一次，他决定先玩耍再写作业，他当时的预判是自己用 1 个小时就能完成作业。但是晚上 8 点之后，他发现自己根本没办法在 9 点之前写完作业。那天，他一边哭一边写作业，直到 10 点才完成。

我当时非常清楚，他很难兑现自己 1 小时完成作业的设想，但我咬着后槽牙管住了自己，不去告诫他、提醒他，不去表现出比他高明的样子。因为，我的安排确实会提高他的学习效率，但他的主动性就有可能受到打击或破坏。他也许这次会慢一点，但有了经验，下次可能会做得更好。我相信孩子需要在实践中、在挫折中学会成长。时间观念是抽象的概念，孩子需要在一次次的摸索中逐渐建立起来。

如何忍住自己教育的冲动？我有三句话供你参考：

第一，妈妈是妈妈，妈妈不是老师，因为亲子之间讲的是情感，而不是理性。

第二，成年人要理解孩子有不同的时间观念，孩子会觉得时间是回旋状的，像小溪流一样，可能围着石头打圈，可能会在某个地方停留。同时，孩子没有长远的时间观念，所以他能够尽情享受当下的每一刻，而我们成人往往会为了一个更长远的目标，忍耐当下的某些枯燥。

第三，孩子学习音乐、美术等艺术类或特长类课程时，家长尽量和孩子一起学习，而不只是监督者。在孩子学习一项特长时，我们可以协助他，同时不把孩子的成功与失败和自己的辅导过于紧密地联系起来。很多时候成年人的焦躁，实际上是把自己投射在了孩子身上，认为孩子不努力、没进步就代表着自己的教育失败。

所以，我们要拓展对世界和社会的多元认知，对不同的学习方式和学习能力抱有宽容的态度，给孩子创造更多更好的学习环境和学习方式，提升学习力。

第三篇

家庭不是角色扮演，是成长路上的盔甲

为什么要学习做父母

问：为什么要学习做父母？我觉得老一辈人没有学过什么教育理论，也能把孩子养得很好，而我们好像越来越不知道怎么做父母了。

答：是的，养育孩子是一种动物的本能，我们和动物的不同，大概就是动物不会像我们人这样提出问题：为什么要这样，而不是那样？

我喜欢听故事，也喜欢讲故事，就讲一个木工的故事吧！手把手地教，我师傅这样教我，我就这样教你——最能说明这种教育方式的莫过于手工工艺的传承方式了吧！

我曾经采访了日本的木匠小川三夫。他的师傅是日本法隆寺最后一代专职的宫殿大木匠西冈常一。小川三夫说，关于木工，他的师傅只教过他一件事——刨木花，而且只刨一片。

当年，西冈常一用刨子做出一片薄如蝉翼的刨花，对小川三夫说要刨出和这个一样的。小川三夫花了三年的时间才刨出了跟师傅做的一样的木花。除此之外，师傅再也没有教过他任何关于如何成为一个优秀木工的技术，他只是跟师傅一起吃饭、起居。

做人和行事的规矩一点一滴地渗透到他的心灵深处。小川三夫的师傅这样教他，他也这样带徒弟。他说这种教育方式，和今天工业化的流水线式的学习是不一样的，很多时候需要靠自己去领悟。

我学习教育，对我来说，不是教育别人去感受领悟，而是给我机会、促使我自己感受领悟。

第一，养育孩子的过程促使我思考。

我为什么会成为今天的我？如何理解我的父母？如何理解我的过去？如何理解今天的孩子和生活的这个世界？就像《小王子》里讲的："我们曾经都是小孩，但是有些大人忘记了。"在这个过程中，我逐渐理解了人本主义心理学家罗杰斯的话："爱，是深深的理解和接纳。"不理解的爱是盲目的爱，不接纳的爱是自私的爱。

第二，亲子关系是一种温暖的互动关系。

亲子关系跟两性关系最大的不同在于：一个是从合到分，一个是从分到合。两性之间的爱是一种强烈的相互融合的渴求，追求相依相伴，但是亲子之间的爱，是一种为了分离而来的爱，是一种深深的信任又不依赖。你看到自己和上一代、自己和下一代，有对方的影子又是如此的不同，是一种非常奇妙的关系。

第三，学习正是为了知道自己的无知。

有一种冰山理论，就是说我们的意识就像海面上冰山的一角，而我们的潜意识就像是海面下看不到的无边的冰山。如果不学习，我会误以为所看到的，就是全部的世界。学习则会让我认识到世界的浩大，拓展了无知的边界，还能清醒地意识到：我没看到的，远远超过我所看到的。

有一种焦虑叫“你妈为你焦虑”

问：我常常为孩子感到担忧，我觉得他的学习态度不好，学习成绩也不够好，长大以后怎么办呢？

答：我对您的担忧非常理解。我曾经为孩子选择小学的事情焦虑了一整年，怎么办呢？怎么办呢？没有本事挤进“牛小”啊。是不是一辈子死定了？我最终决定让孩子就近上学，不要把自己和孩子绑在一辆拥挤的战车上。那天晚上我睡了一个好觉。

当然，上学之后，各种焦虑依然层出不穷，这孩子怎么就不知道着急呢？咱倒不是非要赢在起跑线上，但是咱也不能躺在起跑线上不是？他说：“我没有躺着啊，我腿短，同样的路程，我走的步数更多，我一直在走，你没有看到吗？”

是啊，有一种冷叫作“你妈觉得你冷”，有一种焦虑叫作

“你妈为你焦虑”。

为什么焦虑？日本绘本作家五味太郎说：“对孩子的担心、不安和不自信，根本就是大人对自己的担心、不安和不自信。”我觉得我对孩子的担忧很大程度上源于自己的不安。

意大利心理学家皮耶罗·费鲁齐提出了一个有意思的问题：当父母激励孩子向成人希望的方向发展，有没有可能是在阻止他们成为自己，同时也阻止了我们自己成为自己？“因为我不再活在自我之中，而是活在我的孩子之中，从而失去了我的自我。期望孩子按照某个方向发展是把自己安插在他的身上，这是超出人的控制的事情，也是注定要失败的游戏。”

我们这一代父母和下一代生活的环境已经全然不同。“60后”的童年是吃不饱、知识无用的时代，他们最需要的是生存需求和尊重需求。“70后”“80后”开始追求物质文明和精神文明双丰收。“90后”完全不一样。请注意1993年一个标志性的事件：粮票被正式宣告停止使用，长达近40年的“票证经济”就此落幕。这意味着“90后”生活在物质丰富到爆炸的时代，无论是真实的还是虚拟的，他们都不再匮乏。他们追求的是个人成长和存在感。那么，在一个真正追求幸福而不是外在成功的年代，我们为什么要用过往的经验来为现在的孩子焦虑？

这是一个前所未有的时代，周遭的一切在以加速度的形式发生反转，今天父母认为好的职业，20年前根本就不存在，而今天认为理所应当的一切，未来是不是可能烟消云散？如果我们还用以往的经验来指导孩子，完全是把一双固定的木鞋套在不断长大的脚上。

未来的主人翁需要什么能力？未来学家丹尼尔·平克说未来需要六种技能：设计感、讲故事的能力、整合事物的能力、共情能力、会玩、能找到意义感。换句话说，如果你有艺术品位、会讲故事、能跨界、有人情味、会玩、有精神追求，就可以活得有滋有味。

我想请大家有机会找一首歌来听听，就是诺贝尔文学奖获得者鲍勃·迪伦的名作《时代在变》，在1984年苹果公司里程碑意义的产品Mac电脑发布会上，乔布斯的开场白就是这首歌：

来吧，这大地上的父亲母亲们
不要随意批评那些
你无法理解的事情
你们的儿子女儿不再受你们安排
你们走过的道路正迅速陈旧
请放开新的一代
如果不能借予他们双手
现在步履维艰的稍后会健步如飞
现在走在前头的将来会落在最后
因为这时代
正在改变

为什么中年人不流泪

问：以前伤心难过的时候就会大哭一场，不知道从什么时候开始再伤心难过，也不会有眼泪流出来。有时心在滴血，想大哭一场却哭不出来，为什么会这样呢？

答：你问了一个很好的问题。连最爱哭的林妹妹都说随着年龄的增长，感到心里酸酸的，却流不出眼泪来。欲哭无泪，是成年人，特别是中年人很常见的事情。

人为什么会流泪？当我们感到悲伤难过，甚至愤怒的时候，都会流泪。这时候流泪是一种释放，一种发泄，痛痛快快哭一场就转移了心中的愤怒和压力。嗯，哭不出来，其实就是无法释放，心里憋着一口气。

为什么会想哭却哭不出来？我想起一句话，张爱玲说："对一个中年男人来讲，时常会感到孤独，因为一睁开眼睛，周围都是要依靠自己的人，却没有可以依靠的人。”这句话对中年女性也是一样的，少女时候哭泣能得到别人的怜惜，现在小孩要依靠你，老人也需要你，重重压力下伴侣也很无奈。哭又有什么用呢？没有人可以借一个肩膀给你，没有人为你拭去眼泪。

你的这个问题也让我想起之前看过的一本书《人类为何会哭》。书中说人类和动物的区别在于一种小小的排泄物，唯一不会让人感到恶心的排泄物——眼泪。

只有人类才会有情绪性的哭泣。动物也会感到悲痛，也会对同伴的情绪做出同情反应，但是并没有确凿证据显示动物会因为情感原因而流泪。即使家里的宠物流泪，那也只不过是一种生物反应，部分原因是为了保护眼睛——就像人类因为剥洋葱而流泪。

为什么人类需要流泪？有一种说法认为哭泣是获得帮助和情感支持的有效手段。婴儿能通过哭泣与周围的环境进行交流，甚至会调整自己的哭声表达特定的意图。脑成像显示，妈妈听到婴儿的哭泣时大脑的特定区域会出现异常活动，会做出哺乳或者其他安抚行为。哭泣就这样在婴儿和母亲之间建立了一种联结。婴儿对母亲的依赖和彼此之间的紧密关系就是家庭的雏形。

人类从柔弱无助的婴儿到独立自强的成人，所需要的时间比任何目前已知的物种都要长，其中大部分的时间是为了掌握融入同类当中的技巧，学习生活和爱。

有什么比眼泪更能互相贴心交流？眼泪如此直接、明确地表达热烈的情绪状态，见证哭泣的人会因此做出反应，哭泣的一方也会根据对方的反应，调整自己的行为和策略。如果女人没有一个可以信赖的人让她依靠哭泣，那么她就不再有眼泪。如果没有一个合适的场合释放眼泪，没有合适的引爆点来戳破精神压力，那么紧张不安、恐惧的情绪都会始终存在，心里压抑过久就会转变为身体的疾病。

身为中年人，没有人可以倾听你，那么有没有符合社会习俗，可以放肆哭泣的方法呢？有。比如参加葬礼。在追忆逝者的时候，哭泣甚至会成为一种仪式，这说明哭泣在社会交流中的重要作用。当然，这种场合，我们希望越少越好。

比较正常的释放眼泪的途径是在电影院、剧场或者在家里看一部悲剧，可以毫不避讳地流下眼泪。两千多年来，人们一直通过观看悲剧流下眼泪。为什么可以通过悲剧艺术来释放情绪并从中获得满足感？

哲学家、文学家都有自己解释的角度，有一种从神经生物学角度的解释：眼睛受刺激流出的眼泪和情绪性的眼泪，化学成分并不相同。情绪性的眼泪中蛋白质含量较高。和受洋葱刺激流出的眼泪相比，观看悲剧流下的眼泪中促肾上腺皮质激素含量明显更多。而促肾上腺皮质激素是压力的指示剂，如果强忍眼泪则会导致压力上升，引发疾病。

悲剧艺术唤起的情绪，与人类的其他常见情绪大不相同。悲剧艺术唤起的不是恐惧，而是一种与社会连接以及与爱相关的情绪，同欣赏美丽的食物时的感受有些类似。从生理学的角度来看，悲剧唤起哭泣的过程能带来情绪觉醒与平静感交错的舒适感觉。

而这种内心的觉醒和平静正是泪奔之后，需要得到的舒适感。欲哭无泪的话就去看一部最催泪的电影吧，如果那时候还有一个肩膀可以依靠，就是世界上最幸福的事了。

控制情绪是做父母的必修课

问：辅导孩子时忍不住发火，请问你怎么看这个问题?

答：朋友圈曾经流行这样一个段子：晚上听到隔壁一个女人在大喊："什么关系什么关系，你说清楚什么关系?"人民群众竖起了八卦的耳朵，最后听到中年妇女一声惨叫："这是相反数的关系!"

我自己也很容易在辅导孩子作业时情绪失控，在推理小说里绝对属于"死于话多的大反派"。当我阅读了《不成熟的父母》，突然领悟到我的情绪不稳定的一个原因，很可能源于情感上的不成熟。通常认为成年人要比孩子成熟，但事实上很多孩子可能比他们的父母更成熟，有些家长甚至需要孩子来照顾他们的情绪。

情感不成熟的父母，实际上是有着不稳定的自我价值观，很容易受到别人的影响，也很难接受他人的情绪变化。比如辅导孩子作业的时候，一旦孩子有一点挫折，就会引发家长的焦虑，触发家长的失败恐慌，然后把情绪宣泄在孩子身上。现在就跟不上，以后怎么办啊？说多少遍都记不住，还是不是亲生的啊？

情感不成熟的人不能接受世界的多样化，希望事情简单，每个人都有一个框架设定的角色。

我们是父母，你就应该听我的。

你就按照大人说的去做，不就得了？

这个题就这么做，你想那么多没用的干吗？

都知道父母的爱是逐渐分离的爱，父母要培养孩子自立。但是在辅导作业的时候他们就很容易越俎代庖，很难分清哪些是自己应该做的，哪些是属于孩子做的。拿出一副“我都是为你好”的大义凛然来强迫孩子按照自己的意愿行事。一旦不顺意，就发火、絮叨，甚至哭哭啼啼、大吵大闹，试图引发孩子的羞愧和内疚。

当然，父母也不能对孩子写作业完全甩手不管。成熟的父母要对孩子有同理心，为他提供可靠的情感支持。但是不成熟的父母会以各种各样的方式来破坏孩子的情感安全。

《不成熟的父母》归纳了四种情感不成熟的父母。

1. 情绪型。他们具有不稳定性和不可预测性，有时候跟孩子好得像麦芽糖一样甜腻，有时候又突然撒手不管。遇到一点麻烦就像世界末日一样惶惶不可终日，把焦虑和痛苦都归因于孩子或者其他人。他们就像长不大的小孩，情感上极度需要别人的安抚。

2. 驱动型。他们是那种世俗标准中最成功的父母。他们非常忙碌，追求完美，会给孩子设计很多的目标。看起来他们极其投入，但其实他们并不真正地理解孩子和有同情心，只是试图控制孩子的一切。一旦孩子的发展不在他们的计划之内，他们就会显得极其强势蛮横。

3. 拒绝型。这种父母跟孩子互动的方式就是发号施令，压根儿就不喜欢跟孩子亲密，即使跟孩子在一起，他们也只是忙自己的事情。这样的父母会让你觉得奇怪，干吗结婚呢？也许，独身对他们来说是更好的选择。

4. 消极型。如果说前面三种是"不懂瞎管"，那么消极型就是"不懂也不管"。他们看起来是给孩子自由，其实是放任自流，让孩子自生自灭。而这种消极型的人如果和一个强势的人结合，那么家庭就会被强势的一方所主导，一旦孩子和强势的家长发生冲突，消极型的家长很容易放弃自己保护和教育孩子的责任，在旁边事不关己高高挂起。那些遭到性侵或者虐待的孩子家里多半有一个消极型的家长。

当然，大部分的人都是混合型的，在不同情况下会有不同的表现。

驱动型父母的危害最容易被忽视，因为他们非常关注孩子的教育，而他们以自我为中心的意识很难被人察觉。这种家长的不成熟在于期待每个人和他们做一样的事。他们有高度的自制力，为自己而自豪；他们自认为了解什么是对孩子有好处的，逼迫孩子去做他们认为应该做的事情。对孩子来讲，他们就是监工。越是这样的父母，孩子可能越被动，因为孩子完全缺乏主动性和自我控制能力。悲哀在于，最勤奋的父母可能培养出最懒惰的孩子。

我曾经做过几年教师，时隔多年，我回访那些孩子，发现一个有意思的事：一些自认为水平不够、对孩子的关注不够的家长养育的孩子反而更独立自主，孩子自我发展的水平也会超过他们的父母。虽然这些孩子也会因受到忽视而感到痛苦，但是从长远来看，他们比那些跟父母纠缠得过于紧密的孩子更为成熟。

我们来小结一下，情感不成熟的人有以下共同特点：

以自我为中心，缺乏同理心，忽视彼此的情感边界，拒绝情感亲密，不善于维持情感亲密，缺乏自我反思，拒绝修复关系中的问题。

一个情感成熟的人应该是什么样的呢？他们会有如下的特点：

愿意回顾自己的成长，然后以乐观的方式看待过往。他们很可靠，不会抱怨现实，感知并思考；不会把一切都扛在肩上，会寻求帮助；尊重他人，懂得互惠互利。

情感成熟的人对自己和孩子有合理的期待，比如说孩子写作业，要求的首先是完成，而不是追求完美。情感成熟的人，不会因为孩子一个题不会或者讲了好几遍也不会，就认为自己受到了冒犯。他们幽默，懂得自嘲，能认识到自己也会犯错误，能够灵活处事，懂得妥协之道，不会说“因为我是家长，你就必须这样”！他们能够心平气和地表达自己的感受，而不是让别人去猜测。如果自己错了，也愿意道歉并弥补自己的过失。

在辅导作业的时候不发火，需要：第一，建立跟孩子之间的界限。孩子是孩子，父母是父母。父母做不到的事情不强迫孩子去做，父母做到了的不要求孩子一定也要做到。第二，放弃不切实际的期望。孩子此刻学不会某个知识，不等于永远失败，也不代表父母的失败。同时父母要了解，孩子虽然需要帮助和支持，但父母的代劳长久来看会阻碍孩子的成长。第三，父母要反思自己，要让自己在情感上成熟起来，避免因为自己的不成熟而给孩子带来负面影响或者伤害。

如果你意识到自己情绪失控，就给自己三分钟暂停，想一想，到底是什么触动了你？真的是因为孩子不会做这道题吗？真的是因为孩子做错了很多次吗？请想一想，你是不是在拿他和一个理想的小孩相比？你是不是在他身上寄托了你没有实现的梦想？你对待孩子的方式是不是在复制你的过往经历？

到现在我也不是一个特别理性的、能很好控制自己情绪的人。但我常常觉得，亲子关系中有特别强烈的感情爆发，无论是愤怒、悲伤还是焦虑，都是一个契机，促使我们去思考，我们在什么方面有情感的黑洞？触摸到自己真实的感受，我们才能认识到自己的不成熟。

情感和身体的发育是不一样的，20 岁后大部分人的身高不再变化，但是思想和情感可以继续发展。所以，情感的成熟没有终点。

作为一个成年人，见证新的自我诞生，看到自身更为完整，这是多么激动人心的事啊！

女人永远要学会和自己独处

问：过去的十几年里，我的生活重心都放在孩子身上，现在孩子上了寄宿学校，我感觉非常空虚，似乎提前进入了空巢老人的状态，我该如何调节自己呢？

答：很多女人对感情和养育孩子都无比投入，但是身为妻子和母亲的我们就是全部的自己吗？

我想起了作家张德芬的《我们终将遇见爱与孤独》。她是一个美丽的女人，事业也非常成功。但是在50岁的时候面临了婚变、儿女远行等无法逃避的痛苦。单身加空巢，对于一个中年女人来讲，是个不好过的关。她一度每天不想下床，晚上痛哭着入睡，但最终走过来了，学会了面对没有感情依赖的生活。学会一个人独处，这对一个美丽的女人来说可能是年轻时候无法想象的功课。

曾经在很短的时间里，我目睹了中学朋友的猝死、大学老师的英年早逝、所爱的人经受疾病的折磨，一直昂然向前的生活突然有一个停顿和转折，让我停步。很长时间以来，我一直被人照顾。但是现在，父母已经年老，朋友们也有各自需要背负的烦恼。人到中年，不应再是撒娇的女儿，而是反过来照顾别人，撑起应该负担的一切。

这时候该如何实现内在的圆满？一度我的心理测试数值在抑郁的边缘徘徊。最终我在工作中重新找到了自己的价值，重新认识到朋友的重要意义。

张德芬讲，一个人很努力去追求什么、证明什么，有可能人生会与之背道而驰。追求自己有用，反而感觉自己无用。她说："当我们停留在当下，接受自己无用，承认自己的确有些地方没有做好。当我们这样不闪不躲地接受自己最不想要感受到的情绪，这时我们穿越了自身那个深渊里最黑暗的部分，而人生的惊喜和礼物，以及我们对期盼的亮光，就在这黑暗深渊的后面。"

她总结自己亲密关系失败的最主要的原因是"太在乎"，期待把对方当作掩盖内心黑洞的麻醉品。"通往坟墓的道路是由期望铺成的，有期望就会有失望。"张德芬历经痛苦后认识到："没有人是为你而造，等着你，让你永远快乐的，这只是一个童话。"不要相信所谓的灵魂伴侣，双生火焰，好像有一个人出现，就会把你从孤单无依之中拯救出来，这是童话，不是真相。即使真有这样一个人，也是来考验你，教你人生功课的。

我对此也深有感触，我一直在向外追寻情感的依赖，把爱当作人生的奖杯。曾经我也很迷信这个词——“灵魂伴侣”，有可能我们在某个时刻会遇到身体、思想都和你相配的人，但是这并不是终点。如今我重新定义爱：爱不只是奉献，也不只是获得，而是一种创造，创造一段时光，创造一个事业，创造一个家。张德芬直言自己因为爱的匮乏，极度渴望亲密关系，甚至不惜挑战对方的底线，正是这种爱毁掉了亲密关系。

认识到自己的失败，还必须接受人生的残缺，要在失败中学习接纳。作为一个事业很成功的心灵导师，张德芬不讳言自己的挫败，“我感谢那些挫败的过往，如果不是在亲密关系上遭受挫败，我不知道自己会高傲到什么地步。是那些伤心和失落，让我遇见未知的自己，活出自己想要的深度”。

三四十岁遇到挫折并不算晚。身为母亲的我们要试着放下“在孩子身上实现我们的梦想”，比如喜欢弹琴那么就自己去学吧，身为妻子也要放下“我这辈子就靠你了”的依赖，勇敢去做自己以前不敢想、不敢做的事。

什么时候种树最好？十年前或者现在。

为什么越乱越不想收拾家

问：每到过年之前都得把家里收拾一番，虽然家里乱糟糟的，看着很难受，可是就是不想干活。为什么越乱越不想收拾？

答：这个越乱越不想收拾的问题还挺普遍呢！我曾跟一个“90后”小姑娘聊天，她说家里堆满了东西都没有办法下脚，甚至一度因为床上东西太多，她只能睡在沙发上。

很多工作上非常精明能干的女性，外表的光鲜和家里的混乱形成巨大的反差，出门在外干净利落，形象好、气质佳，可是家里却杂物堆积，好像贫民窟一样。有的房间大致上看起来似乎很干净整齐，但是一打开柜子，里面也是堆得像个仓库一样。因为空间乱糟糟的，回到家就感觉情绪烦躁低落。

说起来惭愧，我也有这个问题，常常所谓的收拾就是把东西装进箱子或者柜子，眼不见心不烦。我重温了几本关于家务整理的书，也开始整理家务，有一些感受和大家分享一下。

首先，得承认，干活是很苦恼的事情。如今的生活节奏很快，一到年底就有很多工作要赶，有很多应酬要处理，回到家里很累了，想到还要干家务活，太阳穴都疼。另外有一句很难说出口的话：家里的活是大家的，为什么非要女人做呢？所以很多人干脆就继续忙忙碌碌，出去会朋友、吃饭、大采购，表示自己有事干，家务事不断往后拖，家里的东西也越堆越多。

《断舍离》这本书将瑜伽断舍离的思维方式运用到日常生活的整理上，将整理家务上升到哲学的高度。书中有两个观点给我印象很深。

一是要有舍弃的自由。

保持空间的干净整洁就是生活的新陈代谢，我们的生活用品要适度，在适当的时间、地点要更换它们，保持物件的流动和呼吸的空间，才是生活的自然状态，才能塑造悠然的美。

家里物品堆积如山，让人感到窒息，其实是在心理上没有处理好人和物的关系。有三种情况让我们对号入座吧。

第一种是逃避现实，因为有的人很忙，待在家里的时间很短，总是不断地把家务事往后拖，而因为家里很乱，自己心情更糟，就更不想待在家里，由此形成恶性循环；第二种是执着过往，珍藏了很多过去的纪念物，总是沉迷于过去的快乐时光，不愿意去收拾；第三种是忧虑未来，总是担心没有东西会发愁，这个东西将来会用得上的呀。这三种情况大部分人可能或多或少都有一点。其实都是不能够关注当下、不能够享受自在的生活，因为心理时间的混乱而造成了空间的混乱。

二是人有获得的自由，也有放手的自由。

家是很多人共同的生活空间，每个人都有自己的东西，也有些共同的东西，我在整理家务的时候感到最痛苦的就是好像缺乏处理权。比如如果是租住的房子，很多主人家的东西，包括巨大的冰箱、沙发、床，既没用也没有办法扔。

这让我想起小时候，春节前也要整理家务，我常常会清理出一大堆东西，然后母亲又会再清理一遍，剩下的东西放在走廊上。但很快就会被姥姥全部捡回来，她不但不允许扔掉家里的东西，别人家收拾出来的一朵塑料花、一块砖头、一个烂笤帚，她都要捡回来。

最后，我的床底下都堆满了杂物，每次梅雨季节要找雨鞋，都要用一根竹竿伸进去扒拉几番。姥姥说："你看棍子也很有用吧。"然后又捡回来好几根棍子备用。我每次收拾家都感到很难受，却说不出是为什么，事实上就是失去了放手的自由。如果我们的居住环境被长期不用的东西阻塞，我们会感到呼吸不畅、精神压抑，人实际上成了物质的奴隶。

而很多人不喜欢做家务是因为觉得烦琐，如果能减少一些杂物，就能够节约时间。留下来的东西都是能提高我们的美感，提升我们工作效率的，那么做起来也会轻松愉快许多。

女人常常给自己脸部做保养，其实我们生活的空间，也是需要做保养的。整理家，实际上是一个自我认识的过程，物尽其用。不用了就要适时送去另外一个地方，给人留出自在的生活空间。如果某些物品积累太长时间存放于一个地方，就是一个长久被搁置的心理问题。

日本一个女性杂志上曾经刊登过这样一个问题："你最想扔掉什么?"排名前三的回答分别是：衣服、痛苦的过去、碍手碍脚的丈夫。这个问题换到中国，很可能答案也是差不多的，换言之，人们最想扔掉的是多余的物品、痛苦的回忆和最亲近的人际关系。听起来很难过，但是的确有很多人想把丈夫断舍离掉。

在今天的中国，两性关系很容易得到，但是亲密关系却不容易经营。老一代还在坚守忍耐，年轻人却宁可一个人过也绝不忍耐。家，什么时候由甜蜜变得可有可无了？

雪瑞是哈佛大学法学博士，她也曾经把家只当作睡觉、洗澡、更衣的地方，不煮饭，不打扫卫生，只在餐厅用餐。但是当她尝试着控制在办公室的时间，留一点时间给家，结果发现，即使只有短短几个小时，也十分抚慰人心。她说没有人做饭的家死气沉沉、一片荒芜，即使装修豪华也犹如置身旅馆。她与第一任丈夫离异就是因为对家的期待不一致，第二任丈夫则愿意与她一起做事并创造自己的家。

家是所有温暖、爱与安全的源泉，为什么不多花点时间把家事打理好呢？一个家，是要用干净的被单、香气四溢的厨房、舒适的客厅，一笔一画勾勒出来的。

在一些电视节目中，家庭妇女是无能的，会做家务谈不上什么本事。雪瑞写下了《家事的抚慰》这本书，力图恢复一个家务打理者应有的地位，赋予他们应有的尊严和价值，让家事成为一件抚慰人心的快乐事情："当母亲的爱展现在柔软的沙发垫、干净的床铺、好吃的食物上；当她的记忆力表现在家中永远有充足的食物与生活用品上；当她的智慧体现在有条不紊、健康干净的居家环境上；当她的巧思流露在家中的空气和光线里。整间屋子都成了母亲躯体的延伸，彰显她的存在，而她对家人的深深情感，也透过家事具体表现了出来。"

日本的《断舍离》和美国的《家事的抚慰》都提到了"自在"。《断舍离》是从佛经的角度阐释，以自己最自然的本初之姿自处，进入自在境界，发现并观察自己内在的菩萨心。而《家事的抚慰》认为自在是归属感，是一种拥有基本权益、特权与尊严的感受。要活得自在，光找到爱人、结婚生子、拥有最棒的工作甚至是梦寐以求的豪宅都是不够的。发自内心抱着对家和舒适感的渴望来打理家事，才是自在。

当你能够正确而有效率地完成家务，进而让家人通过参与家事，认同自己所创造的家时，“家”就是一个人最能放松自己、做自己、成就自己的地方。

你是大公主，还是大女王

问：我女儿有很多漂亮的公主裙，很喜欢玩扮演公主的游戏，每天为了选哪一件衣服穿都要磨蹭、犹豫很久，好几次上幼儿园差点迟到。我说她臭美，她还说："你也爱买鞋子，你是蜈蚣吗，要那么多鞋子！"我老公说，我们家有两个公主，一个大公主，一个小公主。大公主如何教育小公主不要顶嘴？

答：每次逛街的时候，看到好看的衣服，我就想，如果我有一个女儿该多好啊，穿上这么漂亮的衣服多可爱啊。不过很快我就意识到，是我自己心里有一个公主梦，有一个内在的小女孩没有被满足。

哪个女孩小时候没有一个公主梦呢？要有很多很多的爱、很多很多的漂亮衣服。我小时候很喜欢那种一层一层蛋糕似的白纱裙和粉红色的蝴蝶结，可惜只能穿白衬衣和蓝裤子，因为家长认为纱裙太不实用了，还嘲笑我说：“罩个蚊帐赶蚊子啊。好好学习，别老想着打扮。”等我有了第一笔稿费，第一件事情就是买了一件纱裙！

不过，现在孩子的裙子不是太少而是太多，不是物质匮乏困难。当下流行一句话“穷养儿子富养女”，意思是让男孩多磨炼，让女孩子在原生家庭得到尽可能好的物质条件，以免她长大以后经受不住物质的诱惑。

不过，物质满足就是爱吗？就可以培养一个自尊自信的女性吗？

我看过秦文君老师写的《小鸟公主》系列幻想故事。秦文君老师是“男生贾里”“女生贾梅”的创作者，有一次她去小学给孩子们进行文学启蒙演讲，有个三年级的女孩举起小手问：“秦老师，我喜欢公主，可是白雪公主太老了，你能不能为我们写新的公主的书？”这个问题也唤起了她心中的公主梦，创作了一个纯洁美丽的小鸟公主。

这是一个特别美的想象中的世界，小鸟公主住在花瓣宫，卧室床的形状就像一朵盛开的栀子花，被子也是花瓣做的，上课的教室是萱草教室，充满鸟语花香。这样的世界大概是每个小女孩都幻想的吧！但是，在这里依然有很多的痛苦。最张扬的幻想也不能脱离现实，感动的本质源自真实存在的人间的情感。

小鸟公主本来是一个现实中的小学生，生活在一个幸福的家庭，在家里她是可爱的蜜桃脸，出了家门却变成了苦瓜脸。因为有一个嫉妒她、总是跟她争东西的表姐。她还遭遇了校园欺凌。于是她逃到了千鸟国，可依然逃不掉刁钻蛮横的大鸟公主的欺负。这个渴望纯洁善良的小鸟公主，历经各种考验，守住了真善美的防线。

故事很有意思，用文字的幻想满足了一个女孩对物质的一切渴望，比如最美丽的公主裙、花朵一样绽放的小王冠。可是，快乐和幸福并不是建立在无穷无尽的物质之上。真正的公主有一双仁慈的眼睛、一颗柔软的关怀他人的心。故事中小鸟公主和大鸟公主都得到了母亲的爱，可是母爱又不一样。一个是宠爱，一个是溺爱。区别在哪里呢？宠爱里面包含着教育和引导。

小鸟公主的妈妈知道小鸟公主有很多害怕的事情，就说："妈妈以前也会害怕，妈妈有一个好办法，如果你有害怕的事情，就把害怕的事写在纸条上，埋在花园里，还可以说一些悼词，以后你遇到害怕的事会想起'害怕'已经被埋葬，就不会害怕了。"这段话其实是一种共情，也给出了慰藉的办法。

而大鸟公主的妈妈则相反，在生活上全包办，纵容孩子的无理要求，可是对孩子独立生活和日常习惯的培养完全没有要求，还常常用"为你好"的名义操纵孩子的生活，结果就培养了一个骄横无礼的"公主"。

每个人就像小鸟一样为了太阳而来，为了花朵和朋友而来，为了快乐的歌声而来，为了笑脸而来，每个孩子都是为了一切美好来到世上寻找幸福的。只有真正认识自我，学会优雅、宽容，才会不被物质所束缚，成为真正美丽的小鸟公主。高贵是灵魂的高贵，而不是外表的装腔作势。

随着年龄的增长，我们不需要在孩子身上弥补自己童年的缺失。每个女性都可以通过努力，成为自己生活的主宰，完成从“优雅公主”到“智慧女王”的蜕变。

这个世界会好吗

问：“这个世界会好吗？”哲学家梁漱溟在晚年口述史中多次提及这个问题。我有时候也会问自己，这个世界会好吗？看到各种触及底线的新闻，总觉得悲观。我们的时代技术进步了，然而人心可能倒退了。我都不敢要孩子，不知道该怎么教育他。

答：每一代人都会觉得自己所处的时代很糟，从古至今，人们常常感叹“人心不古”。英国作家狄更斯《双城记》的那段文字也被一代代人引用来表达对自己时代的理解：

> 那是最美好的时代，那是最糟糕的时代；
> 那是智慧的年头，那是愚昧的年头；
> 那是信仰的时期，那是怀疑的时期；
> 那是光明的季节，那是黑暗的季节；

那是希望的春天，那是绝望的冬天；
我们将拥有一切，我们将一无所有；
我们全都直奔天堂，我们全都在直奔相反的方向。
……
说它好，是最高级的；
说它不好，也是最高级的。

我们所处的时代是人类有史以来技术最发达的时代，我们可以享有以前的皇帝都无法想象的生活，我们生活在以前的科幻作家都不曾幻想过的时代。但是，好像，个人的孤独和痛苦并没有减少。

在浩浩荡荡的大时代里，每个人都是渺小的沙子。在强大的技术面前，个人似乎只是蝼蚁。人的意义何在？我想给你讲一个故事，一个探索人类本性与技术之间相互对立的故事。《所有我们看不见的光》是一个以“二战”为背景的小说，获得了2015年的普利策小说奖，讲述了法国盲女和德国少年各自的成长故事。故事中一个很重要的道具是收音机。

第三帝国用收音机散布谎言、制造恐惧，盟军用收音机进行抵抗宣传、自由宣传，宏大的政治历史叙事和精巧的艺术叙事由此进入平民少年的生活。法西斯的广播把百万只耳朵拴在一张嘴上，要青年人闭上眼睛，只听从一个声音、一个命令，广播里厉声问："德国人民的勇气、信心和乐观不是在日益高涨吗？新信仰的光辉不是正从时刻准备的牺牲中冉冉升起吗？"德国青年人不断重复："生则忠诚，战则勇猛，死而无畏。"

法国盲女的祖父在地下抵抗法西斯的广播里说的却是完全不同的东西："睁开你的双眼，在它们永远地闭上之前，尽可能地去看。"法国盲女的祖父和叔祖父在战火中冒着生命危险，用自己制作的简陋的广播发射机传播古典音乐和科学常识。后来盲女被困，她在恐惧和黑暗中偷偷用祖父的发射机朗诵《海底两万里》，一遍又一遍地讲述船长在黑暗深海的历险："有谁能够预测我们脱身最少需要多少时间呢？在'鹦鹉螺号'重新浮出水面之前，我们难道不会因窒息而被闷死吗？难道我们命中注定要和冰墓里的一切同归于尽吗？"

在这个故事中，我得到的一个重要启示就是：人在黑暗中是可以有选择的。法国盲女继承父亲的事业，后来也成为在自然历史博物馆工作的博物学家，她很小就知道物种都将灭绝，人类也不例外，那么活着的意义何在？你可以向平凡投降，甘于与黑暗同流合污，但也可以尽己所能追寻光明。盲女选择了后者：《海底两万里》的船长带领全体船员奋战到最后一刻。这个故事激励盲女在抵抗运动中尽自己的力量，德国少年则张开耳朵，在黑暗中捕捉自由的声音。

盲女的祖父在广播中解释了什么叫作看不见的光："我们把

所有看得见的光叫作什么？我们称它们为色彩。但是在电磁波谱上，光往这边跑是零，往另一边跑是无穷大。所以，事实上，孩子们，从数学的角度来讲，所有的光都是看不见的。”

法西斯将青年人的大脑禁锢在黑暗之中，然而人心里的世界可以充满光明，涌动色彩和变化。“看不见丝毫光亮的大脑如何为我们呈现出充满了光的世界呢？”这是盲女的祖父通过电波向黑暗中不知名的收听者提问，也是作家向今天的我们提问。

玛丽洛尔这个盲人姑娘，却比任何人看到的都多，这得益于她的父亲给她的教育，得益于文学和艺术的熏陶。同样被禁锢的德国少年因为收听了自由广播，他在法西斯对人性的争夺中，站到了人性善良这一边。广播是一种“看不见的光”，传播知识，改变了两个国家青年的命运。而我们周围一直充斥着不易察觉的光，比如短信、电话、广告等。空气中充满着交流，而这些交流都是由看不见的光来运行的。

法国盲女和德国少年在漫长的时间河流中，在各自的黑暗航道上漂泊。甚至在长达十年的时间里，他们不知道彼此的存在。直到故事的结尾，他们才相遇，相处一日，再度分离。

今天的芸芸众生仿佛也是在茫茫人海中漂泊，在某一瞬间，彼此的光亮交会，然后擦肩而过。很多真实的人物也像《所有我们看不见的光》里说的那样，在黑暗中追寻看不见的光。鲁迅先生曾说过："我们从古以来，就有埋头苦干的人，有拼命硬干的人，有为民请命的人，有舍身求法的人……虽是等于为帝王将相作家谱的所谓'正史'，也往往掩不住他们的光耀，这就是中国的脊梁。"

你问我，这个世界会好吗？我相信，历史不只有无边无际的黑暗，人类的道路如同在狭窄的黑暗中摸索，前方仿佛若有光，初极狭，顽强复行走，必将豁然开朗，芳草鲜美，落英缤纷。

你说不敢要小孩，我也曾经有过这样的恐慌，自己都没有活明白，如何能把一个小生命带到这个世界上。但是，我现在已经是一个母亲了。我很享受养育孩子的过程，也感谢有机会伴随着孩子的成长，让自己回到那个被遗忘的世界，给孩子一个我未曾有过的童年，从一个新的角度理解我自己何以如此，理解生命的参差多样。

无论世界怎样，我们都可以选择自己要走的路。如果你愿意，可以独自，也可以带着孩子一起踏上精神的冒险之旅。

有了孩子之后的睡眠拖延症

问：我是一个平时生活很自律的人，不知道为什么，晚上哄完孩子睡觉之后很困了还是拖着不想闭眼，有时候能熬到早上四五点钟，怎么办？

答：我有时候也这样。睡眠拖延症不是失眠，我们没有入睡困难的烦恼，也没有别人死活拉着、捆着、绑着、用探照灯照着不让睡觉的情况，自己就是不想睡觉。

对我的拖拉不想睡觉，我妈会很不齿地说：“这都是闲的，下地刨一天，倒头就睡。”话粗理不糙，某种程度上来说，有睡眠拖延症的都是绞脑汁的，出工不出力，筋骨没有疲倦。

心理学上睡前拖延症被定义为“在没有外界因素阻止的情况下，还是不能按照计划的时间上床睡觉”。按时睡觉的重要性我知道呀，美容养颜、保肝养肾。能促进睡眠的办法？我的手指头、脚指头都用上也数不完，可是为什么就是不想睡觉？这是自亚里士多德以来哲学上长期存在的困惑：为什么人们会做不成那些他们明明知道对他们有益的事情。

接到你的问题，我又一次用牙签撑着眼皮熬夜学习了，下面从三个方面来分析一下睡眠拖延症患者的心理机制：

第一个方面，不甘心就此结束一天。

不能早起的人没有勇气开始新的一天，不愿意早睡的人不甘心一天就此结束。我们在潜意识里认为入睡意味着一天的结束，很晚很晚还不想睡去，是因为我们没有得到那种“嗯哼，太爽了，可以了”的满足。我们心里需要一个完整的带有仪式感的行为，然后对自己说：好了，我满足了，今天可以结束了。而这个仪式一定需要完整的观看或者聆听。——这也是为什么孩子需要睡前故事，成年人需要卧谈、性爱或者看一本书、看一个长篇连续剧。

有时候，不睡显得比睡觉更有吸引力——即便这感觉在早上会反过来。

第二个方面，拖延是放松，不是放纵。

凡是觉得睡眠拖延症是个问题的人都是平时最自律的，真正放纵的人根本就不觉得这算什么事，反正哪天他也没有规律过。

自律的人不能按时睡觉，这听起来很矛盾，其实不然。这是用不眠的方式来对抗现实生活的程序化和机械化，挣脱烦琐的日常事务。我常常在家人都入睡以后觉得放松和自在，可以专注地看自己喜欢的书，得以过一种不被琐碎打断的生活。

我不怎么喜欢村上春树的作品，唯有一个短篇小说印象极其深刻：《眠》，写的是一个主妇的十七个无眠的昼夜，白天她肩负的是做妻子和母亲的责任，晚上在家人都入睡之后，她终于可以尽情地做自己：可以看自己喜欢的书，一口气读了三遍《安娜·卡列尼娜》，可以吃自己喜欢的甜食——平时丈夫不让吃甜食。“我不想再把时间浪费在叫睡眠的活动上”，“我”找到了属于自己的东西。

第三个方面，拖延入睡的人需要的不是治疗而是陪伴。

我不认为拖延入睡需要治疗，因为我们只要愿意，随时可以找到无数办法帮助自己按时入睡。我想你也是，如果你不能享受深夜的孤独，那么需要的只是一个了解你、尊重你，智力和你相匹配的人的聆听，深深的聆听。

你在一种放松、安静、准备好的状态下发出讯息，有一个人在同样放松、安静、准备好的状态下，温柔而准确地回馈你。这个温柔的夜晚就像一条最柔软的羊绒围巾，安稳地包裹着一天的疲倦……这，就够了。

谁说母亲必须伟大

问：母亲帮我带孩子，可是在一起生活总有吵不完的架。不在一起，我又想念她，对她的无私奉献有说不出的感激。而我自己在孩子眼里，好像也很分裂，有时候是天使妈妈，有时候是坏脾气的巫婆。为什么会这样？

答：关于母亲，有很多美好的词语献给母亲，但是，我不太喜欢一个词，那就是“伟大”。北京大学临床心理学博士李松蔚老师，在一篇文章中谈到过母亲，说我们颂扬母亲伟大，无意中会让伟大这个词变成母亲身上沉重的枷锁。

因此，做儿女的不要把母亲供在神龛上，反过来说，做妈妈的也不要把当妈看作多么伟大的事情。妈妈也会腰酸背痛，也会喜怒无常，而不是说需要永远无私奉献、永远情绪稳定。做母亲的首先照顾好自己，精神独立、经济独立、心灵独立，然后才可能对孩子有好脸色，和孩子打成一片。

母亲跟孩子之间很特别，刚开始是浑然一体的，接下来是一个逐渐分离的过程。对孩子和母亲来说，都有一个很大的恐惧：分离。小的时候孩子因为不能够独立生存，离开母亲有丧命的危险，所以他们有很大的分离焦虑。其实母亲何尝没有呢？她会不放心小孩。当孩子一天天地独立长大，很多母亲会感觉自己失去了价值感。

我母亲以前说帮我带小孩，我说我自己带，她非常惊讶："所有的母亲都会帮自己的孩子带小孩，如果我不帮你带小孩，别人会觉得我没有用。"我的母亲怎么会没有用呢？她是一个职场女性，在我出生只有40天的时候，就回到了工作岗位上，大年三十都值班，一直工作到退休。

我说："你可以享受你的生活。"可是在她根深蒂固的观念里就认为："我应该为儿女着想，你需要我做什么，我就全力以赴。"她有任何病痛，也从来不告诉我们，完全是一个"神奇女侠"。当她终于去玩耍、旅游、跳舞后，我会很高兴，因为她有自己的生活，而不是谁谁的母亲、谁谁的姥姥。

我也不是很喜欢"母亲"这个群体的概念，很简单地把女性分成两种，一种是母亲，一种不是母亲。其实个体差异远远要大于群体的差异，并不因为有一个生育的过程，就变成了另外一个人。比如生活中有伟大的母亲，她们很有牺牲和奉献精神。我在医院的时候，看到需要做肾移植的病人，通常都需要排队等待肾源，但是有一种病人几乎不需要等待，因为他们的母亲愿意为孩子捐出一个肾。

然而也有一种母亲，有严重的精神问题、心理问题，自杀的时候把自己的小孩都带着跳楼、投水，“携子自杀”的新闻每年都有。每次看到这种新闻我都会感到惊悚。在我看来，这不是“携子自杀”，而是自杀加杀人。排除精神不正常的之外，为什么那些母亲自杀的时候要剥夺健康孩子的生命？因为这些女性把孩子看成自己的附属品，认为没有自己孩子就活不下去，或者把剥夺孩子的生命当作对父权的报复——受到了丈夫的冷落和婆婆的虐待，就要把孩子带走，似乎是为了毁坏夫家的财产。

今天这个时代，成为母亲应该是一个女性的自我选择。可以选择生小孩，也可以选择不生。女性不会因为不生小孩而降低价值，也不会因为生了小孩而提升价值。

心理学家弗洛姆《爱的艺术》一书中关于母爱的这部分探讨，今天读来依然非常有意义。他讲到，母亲对孩子的身心成长负有责任，不仅要维护他弱小的生命，更要使他热爱生活。弗洛姆用了一个“乳汁和蜂蜜”的比喻，“乳汁”象征母爱对生命的关心和肯定，“蜂蜜”则象征生活的甘美、对生活的爱和活在世上的幸福。大多数的母亲有能力给予乳汁，但只有少数的母亲还能给予蜂蜜。为了给予蜂蜜，不仅应该是个好母亲，同时也应该是个幸福的人——但这目标只有少数人能够达到。

很多母亲会觉得孩子小时候可爱，越长大越不可爱，青春期简直就变成了妖怪。弗洛姆认为，对幼小的依赖自己的孩子，每个母亲都会喜欢，因为她们把孩子看成自身的一部分，那么母亲对孩子的爱和痴情很可能是满足自恋的一种途径，一个软弱无能的、服从于母亲的孩子可以满足专制而有占有欲的母亲。孩子必须脱离母体和母亲的乳房，成为完整的独立的生命。所以母爱的真正本质在于关心孩子的成长，也就意味着关心母亲和孩子的分离。——恰恰在这一点上，许多人失败了。检验一个母亲是不是真的爱孩子，要看她愿不愿意忍受和孩子的分离以及分离后能不能继续爱孩子。

以上说的是一个母亲的修养，爱孩子不仅仅因为是对婴儿的爱，还有对成长着的孩子的爱。

不是每个女性都会选择成为母亲，但是每个人都有自己的母亲。我们对母亲也会有一些分裂的观念。河合隼雄曾说过：“每个人心中都有一个完美的母亲，这是和现实的母亲不一样的存在。”他认为，我们内心都隐藏着“母亲般的存在”，包容一切、包容万物的母亲原型。当这个原型起作用的时候，孩子内心就会期待出现一个绝对包容自己的母亲般的存在。但只要现实中的母亲是人类——不论她是多么好的母亲——就都无法满足孩子们的绝对期望。

只有当孩子渐渐知道母亲不是绝对的存在，而是一个常人，绝对的母亲原型只存在于自己心中时，他才可能离开母亲自立。河合隼雄用了一个词“从内心的母亲独立”——他解释了这个概念：一个人若想自立，就要避免把自己心中的母亲般存在的原型与现实母亲混淆，不要把无论何时何地都会提供帮助的绝对母亲形象或吞噬一切的可怕母亲形象投射在现实母亲身上，而是要从内心的母亲身边独立，同时，与现实的母亲作为有界限的两个独立个体相处下去。

我理解，“从内心的母亲独立”是要摆脱对“伟大的”“完美的”“包容万物”的母亲的崇拜，接受母亲是一个平常的人、一个独立的人，然后去爱她。而做母亲的，也做一个“内心独立的母亲”，自己的价值不依赖爱人和孩子而存在，像爱一个平常人一样爱自己，而不是低到尘埃里去奉献一切。

如何找到我失落的一部分

问：我在一个破碎的家庭长大，非常缺乏爱，也非常需要爱。我渴望亲密关系又恐惧亲密关系，始终没有找到适合的那一半来弥补成长中缺失的爱。我甚至担心是否永远找不到了。

答：谢谢你给我讲你的故事，我能理解你的恐惧和渴望。只有付出或者得到的关系比较简单，要走到相互融合的阶段，恐怕彼此都要放弃一部分的自己，交给对方。

请允许我给你讲一个故事吧，是美国作家希尔弗斯坦写的《失落的一角》。我用我的语言重新给你讲一下：有一个圆缺了一角，是一个破碎的不圆满的圆，它决心要找到自己缺失的部分。它没有因为自己的缺陷而停止前进，而是勇敢地唱着歌去寻找。

它的确找到了一些角，可是有的太大，有的又太小，都不合适。它一次一次寻找，又一次一次放弃。它甚至漂洋过海，忍受风吹雨打，终于在新的世界找到了最合适的。它们如此契合，彼此的失去都正好被对方填满，组成完整的圆。但是，这时候，圆却发现自己再也无法歌唱。怎么办？

它，轻轻放下已经找到的这一角，带着依然缺失的伤口，踏上继续寻找的路程……

我们每个人其实都是不圆满的圆，都有着各种各样的缺失，我们可能要思考几个问题：

首先，我们要不要弥补这个缺失？如果接受我的缺失，是不是也一样能继续人生？如果需要弥补，是否同时又会失去一些本真的东西？为了弥补过去的缺失，是否能接受新的失去？

其次，一定要弥补的话，除了找一个人来填满自己的缺失，还有没有其他办法？

我继续讲故事，在《失落的一角》的续集《失落的一角遇到大圆满》中，失落的一角等待有谁将它带走。来的物体也不少，有很诡异的，有一看就不合适的，有不懂配合的，有自私的，有恶狼般的，有挑三拣四的，有胆小怕事的，然而都不合拍。来的越多，失落越多。好不容易等到一个最合适的，但是失落的一角开始长大，它们又不合适了，只能分道扬镳。

有一天，失落的一角遇到了一个完美的圆，它非常羡慕，渴望与大圆满同行。但是大圆满说："我不能带你走，你要靠自己。”失落的一角尝试滚动，不断跌倒，磨去了棱角，终于自己也成了大圆满。

不知道这两个故事你是否喜欢，我其实也在思考：是要做那个接受自己缺失的部分、歌唱着前进的呢，还是做那个自己努力成为大圆满的？

怎样做一个有童心的大人

问：我的孩子总是想要我和她一起玩，可是我不知道怎么玩。如何做一个有童心的大人？

答：很奇怪，孩子小时候，大人都盼着孩子快点长大，等孩子长大了，却又希望他保有童心。说实话，从小我就胆怯、不自信，少年老成。没想到有了孩子之后，被说成是一个有童心的人。

大人是不是有童心，孩子最有发言权。于是我问孩子："我是不是像你一样呆萌？"儿子歪着脑袋看了我一眼，说："呆……还不够萌。"

"那，怎么才能萌？"我问。

儿子说："很难，因为你的大脑已经格式化了。如果你多和我玩，你还有机会初始化。"儿子从一年级开始就学习简单的编程，常常会说一些术语。

回想怀孕的时候，不知道是不是因为激素的影响，我一度非常焦虑，害怕自己不是一个好母亲，害怕照顾不好孩子，害怕他有一天会指责我："为什么不经过我的允许，就把我带到这个世界上来?"当小宝宝在我怀中酣眠，我突然明白了，无须害怕，当我不知道怎么做的时候，只要问他就好了。事实上，我从未因为孩子不会说话而影响交流。很自然地，他可以用表情、动作来表达他的需要。

在他还不能站立的时候，只能躺在摇篮车里。有一天我推着他出去散步，他的眼睛直视天空。我想知道他看到了什么，于是我也躺下来，躺在草坪上。天哪，那是我从未见过的景象：参差交错的枝叶织出一幅图画，蓝天中云朵的悄然移动，时时改变着光影。我意识到，孩子是上天给我们的时间穿梭机，让我们有机会逆流而上，重回一去不复返的童年。如果我们不只是埋头赶路，而是放慢脚步，换一个视角，就能看到童话世界的大门缓慢开启。

什么是"童心"呢？明代哲学家李贽说："夫童心者，真心也……夫童心者，绝假纯真，最初一念之本心也。若失却童心，便失却真心；失却真心，便失却真人。"

因此，所谓童心，就是不含一丝一毫虚假的真心。童言童语之所以有趣就在于出乎真心。比如睡前我给自己脸上抹上护肤霜，孩子在一旁瞪大眼睛，我问他："你在看什么?"他很惊奇地说："你为什么要给自己打蜡?"我逗他："为了像你的脸蛋一样光滑。"他摇摇头："没有用的，你总是皱眉头，打多少蜡也光滑不了。"我把这句话赶紧写在纸巾上——我写儿童专栏完全是一个抄袭犯，把孩子的语言抄录下来而已，要不就是一个拙劣的模仿者。

儿童世界和成人世界是不一样的。如果一定要说童心跟成人之心的区别在哪里，那就是我们心脏跳动的节奏是不一样的，儿童的心跳节奏更接近于自然的节奏。养育孩子的过程，让我们有机会和孩子一起完成生命的自我成长。

真的，很多时候，孩子才是游戏的编剧，我怀着一种惊奇欣赏的心参与进来。——时光不可倒流，能够做一个喜悦的旁观者，也可以算是童心未泯了吧。

捧着保温杯的中年危机

问：作为一个已经开始捧着保温杯的中年人，人生是不是完蛋了？

答：一个曾经愤怒、热血的青年突然捧着保温杯、揉着大肚腩走过来，这场面猛一看确实难以接受。我本人也到了无法对抗地心引力的阶段。时间除了夺走胶原蛋白，还留给我们什么呢？

关于中年危机这个问题，我有一些体会和你分享。

第一个方面是失去与获得。

我也是这几年开始反思到底有没有中年危机这回事。浑浑噩噩不去想，人生也就过去了。但是，如果仔细思考，人生的每个阶段都会有一些不同。一生的发展轨迹不是一条直线，而是一种始终存在的“得”与“失”之间的动态平衡。这个平衡在中年人身上体现得最为明显。会丧失掉一些能力，会过得不如意，但是也可能会面对问题更加从容，甚至学会了用更有耐心、更幽默、更柔和的方法去达成自己的目标。

我们这个时代是一个美化童年、赞颂青春的时代，过了35岁，基本上不再有多少选择的机会。的确有很多人变成了无趣的中年人，似乎失去了童真和青春的魔力。这听起来很难过，是不是？但这是人生发展的必然的阶段。那么，换一个角度思考，人到中年，这并不是一种魔力的消失，而是魔力的转变和过渡。

我们通常认为童话是属于儿童的，然而很多童话的主人翁是中年人。心理学家艾伦从中看到了人到中年的考验和磨难，在《大人心理童话》中剖析了中年人面对的一些重大转变，比如说年轻男性对于权力、荣耀的追求，最后会导致灾难，而女性也会逐渐认识到自己的人生除了牺牲之外，还有更广阔的天地。女性在中年重拾力量，而男性可以学得智慧。又比如说男性可能愿意承认自己的软弱，认清人际关系的重要，而女性能够勇敢地抛开社会规范的束缚，变得更为勇敢自信。再比如，理性思考的男性会逐渐拥抱感性的体验，以感性体验为主的女性会逐渐展开理性的思考。

这样简单区分男女当然有失偏颇，无论男女，两种不同思维模式的融合，才能够让一个人真正地成熟起来。我们也要能够接受更大的道德弹性，对异见有更高的容忍度，学会冷静与克制。

到了中年多少都有一个成长的心理突破，当然也有些人安于现状，不愿意做任何改变。年轻时的目标可能到了中年会被彻底地摧毁，但是只有到了中年才有更多的力量和智慧处理生命的黑暗面，平衡相反的事物。

相比起无助的童年、茫然不知所措的青年，我更喜欢现在的我，因为对自己有更多的了解、更大的掌控，对过去有更清醒的认识，能够接受命运的安排。

有一段时间，我逐渐有力量处理长久搁置的心灵创伤，逐渐找回失联的朋友，向他们道谢或者致歉。有的人说："你突然转变，有点不适应呢。"我说："以前我是一个莽撞的人，不会换位思考，年轻的时候这叫作真性情，到了现在还口无遮拦就是大脑容积问题了。"

第二个方面是爱的支点。

我们的生命是从依赖父母、恋人到需要很多的支点。我的青春是被琼瑶启蒙的，年轻的时候很愿意听到这样的话，"我只爱你一个人""你是我的全世界"。这种排他性、独占性的话，以前会觉得很迷人，让人癫狂。而现在这些话听起来很可怕，就像美学家蒋勋在《生活十讲》里所说："这样的爱，在年少时期或许可以存在，因为那时候我们对爱情还有很多狂妄的想象，可是当你成熟之后就会知道这种爱是危险的事，会压碎一个人的。”

中年的爱是发散的，有对父母的亲情的爱，有对朋友的友情的爱，有同事之间的同僚之爱，还有很多很多吸引我们的工作、爱好、娱乐……在《生活十讲》里也说到，生命之树不会以单一戏剧化的形式出现，而会化身为好几种生命力与再生力量的源泉：对家人的爱、对自然的爱或是对朋友的爱。

我们的爱需要更多的支点，而不是只依靠一个人。我们有了更多爱的源泉，才可以源源不断给予他人，就像永不枯竭的不老泉。

第三个方面是死亡与重生。

人到中年面对的一个最大的共同挑战就是，接受对死亡的恐惧。我们不断看到身边的人老去，受疾病的折磨，生命突然或者缓慢消失。我们不再是夜晚小精灵，可以随意熬夜，第二天就能满血复活。我们需要保温杯，需要养生汤。很多中年人在亲眼看见死亡之后，完全颠覆了从前的人生目标。死亡与重生是中年人面对的重大的课题。

让我转述两个故事吧。《大人心理童话》以精灵和鞋匠的故事开始：精灵帮鞋匠赚钱，有一天鞋匠发现了精灵，拥有魔力的精灵就消失了，鞋匠只好自己辛苦赚钱为生。这正好表现了中年的状况：少年时候的浪漫梦想远去，留下残忍的现实和责任，就像被逐出了伊甸园的亚当和夏娃一样，要和辛劳、苦难、死亡抗争。

最后以黄金树的故事结束：国王和皇后遭受巨大的痛苦，但是他们遇到了神圣的生命之树，获得新生、治疗与和解的力量。这个故事阐述了我们中年人要经过一番漫长的挣扎，才能接触到灵魂深处原始的生命力，然后达到最高峰，但这并不是我们人生的终点，我们还要迈向超越和启示的旅程，那就是老年。

令人欣慰的是，在中年人遭受转折与迷惑的过程中，还有洞见、新生和疗伤止痛的力量在等着我们。